AF310155

# CATALOGUE
# DES LIVRES

### EN PARTIE RARES ET PRÉCIEUX

composant

## LA BIBLIOTHÈQUE
### D'UN AMATEUR (M. L. T.)

et qui sont à vendre à la librairie de J. Potier

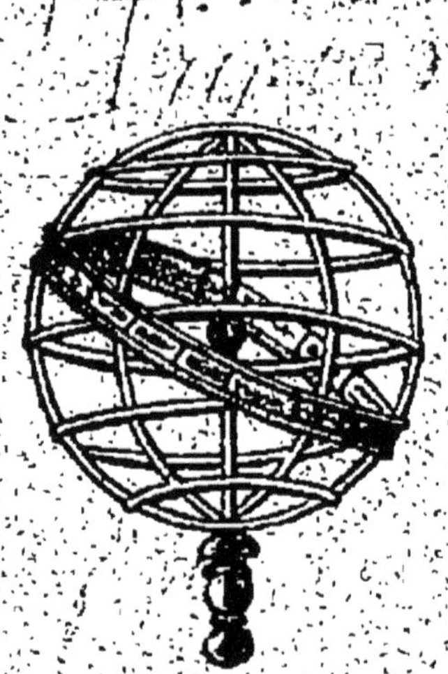

PARIS,

J. POTIER, LIBRAIRE,

*Quai Malaquais, 9.*

M DCCC LIV.

# CATALOGUE
# DES LIVRES

EN PARTIE RARES ET PRÉCIEUX

composant

## LA BIBLIOTHÈQUE

D'UN AMATEUR (M. L. T.)

et qui sont à vendre à la librairie de L. Potier.

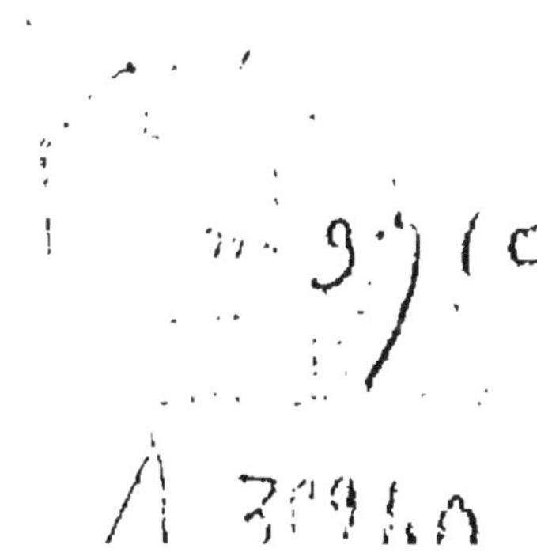

PARIS,

L. POTIER, LIBRAIRE,

*Quai Malaquais, 9.*

M DCCC LIV.

Paris.—Typographie Panckoucke, rue des Poitevins, 8 et 14.

A Bibliothèque, dont nous présentons le catalogue aux amateurs, était citée parmi les plus jolies collections de livres de ces derniers temps. Commencée vers 1844, elle a été formée dans les circonstances les plus heureuses, et au moment le plus favorable. En effet, on trouverait difficilement une autre période de dix années, où il se soit offert tant d'occasions d'acquérir de beaux livres en tout genre. Nous voulons parler des ventes de Ch. Nodier, Soleinne, Cailhava, Bourdillon, d'Essling, Libri, Aimé Martin, Coislin, Taylor, Du Roure, Saint-Mauris, Baudeloque, Monmerqué, Louis-Philippe, Walckenaer, De Bure, etc.

La première de ces ventes, dans l'ordre chronologique, est celle de Ch. Nodier. C'est d'elle que date la formation de quelques-unes des plus belles bibliothèques qui existent actuellement. Le retentissement qu'elle a eu, tant à cause du nom de Ch. Nodier, qu'à cause du choix brillant des livres qui s'y trouvaient, a fait éclore, si l'on peut s'exprimer ainsi, un essaim d'amateurs qui s'est répandu sur toute la surface de la France. Il est à remarquer que l'aimable et savant bibliophile qui, de son vivant, grâce à ses écrits, à sa parole, à son exemple, a tant contribué à propager le goût des livres, a fait, même après sa mort, d'ardents et nombreux prosélytes dont le nombre se grossit tous les jours.

Les diverses ventes que nous venons d'indiquer, suivies avec assiduité, ont servi, chacune pour leur part, à l'accroissement de la présente collection. Mais le collecteur ne s'en tenait pas aux hasards des enchères publiques : les magasins des libraires étaient par lui explorés avec soin, et il ne reculait devant aucune peine, aucune dépense, pour se procurer les ouvrages les plus rares et les plus beaux exemplaires. Curieux de tout ce qui donne du prix aux livres, il ne négligeait pas non plus les reliures. Les premiers relieurs de Paris étaient ceux qu'il employait de préférence. On en jugera, dans ce catalogue, même par les livres d'éditions modernes, auxquels on ne fait pas ordinairement tant d'honneur.

Ce catalogue n'est pas assez considérable pour qu'il soit nécessaire d'indiquer les articles importants qui s'y trouvent. Nous dirons seulement que, dans ses différentes parties, il n'en est pas une où il n'y ait des livres qui

méritent d'être remarqués soit par leur rareté et leur singularité, soit par le luxe de la
typographie, de la gravure ou de la reliure.

Nous appellerons toutefois l'attention sur
la classe de la vieille poésie française, et plus
spécialement sur celle des conteurs et des facéties, objets des prédilections du collecteur,
et qui, en ce genre, offrent une des collections les mieux entendues et les plus complètes qui aient été vues jusqu'à présent.

Nous croyons devoir prévenir que les deux ouvra-
ges portés sous les numéros 15 (*Semaine sainte de
Louis XVI*) et 745 (*Essai sur les Révolutions de
Chateaubriand*), ne sont plus à vendre.

[illegible]
[illegible]
[illegible]

[illegible]
[illegible]
[illegible]
[illegible]
[illegible]
[illegible]
[illegible]

[illegible]
[illegible]
[illegible]

# CATALOGUE



DE LA

## BIBLIOTHÈQUE D'UN AMATEUR.

---

## THÉOLOGIE.

Iblia sacra Vulgatæ editionis, Sixti V, pont. max., jussu recognita, et Clementis VIII auctoritate edita. *Parisiis, Seb. Martin,* 1656, 2 vol. pet. in-8, mar. r. dent. doublé de tabis, tr. dor. (*Reliure ancienne.*)  100 fr.

Bel exemplaire en grand papier de la *Bible* dite *de Richelieu.*

2. LA BIBLE, qui est toute la saincte Escripture, en laquelle sont contenus le Vieil et le Nouveau Testament translatez en françoys (traduction revue sur celle de Lefèvre d'Etaples, par Rob. Olivetan et J. Calvin). (A la fin) : *Achevé d'imprimer en la ville et comté de Neufchastel, par Pierre de Wingle, dit Pirot Picard,* l'an 1535, in-fol. goth. à 2 col., mar. r. fil. tr. dor. (*Aux armes du comte d'Hoym.*)  300 fr.

Première Bible française que les protestants aient publiée.

Cet exemplaire a appartenu successivement au comte d'Hoym,
à Gaignat, à La Vallière, etc. Il a quelques taches et le feuillet LXII du Nouveau Testament est plus court que les autres.

3. La Sainte Bible, en latin et en françois (traduction de Sacy), suivie d'un dictionnaire
étymologique, géographique et archéologique. *Paris, Lefèvre*, 1828, 13 vol. gr. in-8,
fig. de Deveria, demi-rel., dos et coins de
mar. r., non rog. (*Bauzonnet.*)      250 fr.

Exemplaire en grand papier vélin, avec les figures avant la
lettre sur papier blanc et sur papier de Chine, et avec les
eaux fortes.

4. La Sainte Bible (traduite par Legros). *Paris,
Th. Desoër*, 1819, gr. in-8 à 2 col., mar. n.
dent. tr. dor. (*Thouvenin.*)      20 fr.

5. (Le Nouveau Testament). — *Cy finist lapo-
calipse et samblablement le Nouveau Testament, veu et corrige par venerables per-
sones freres Jullien Macho et Pierre Farget,
docteurs en theologie de lordre des Augus-
tins de Lyon sus le Rosne, imprime en ladicte
ville de Lyon, par Bartholomieu Buyer, ci-
toien du dit Lion.* (S. d.); pet. in-fol. goth.,
à 2 col., mar. viol. tr. dor. (*Reliure anglaise.*)      550 fr.

Edition sans chiffres, signatures, ni réclames, et qui doit
avoir été imprimée vers 1475 ou 1476. Elle est si rare, que
M. Coste, qui recherchait avec ardeur les premières éditions
lyonnaises, n'a pu parvenir à la trouver. Il en existe un autre exemplaire dans la bibliothèque Sainte-Geneviève, à Paris.
L'exemplaire est très-grand de marges et parfaitement conservé. Trois des derniers feuillets ont des raccommodages qui
n'atteignent pas le texte.

6. Historiarum memorabilium ex Genesi de-
scriptio, per Gul. Paradinum. *Lugduni, apud
J. Tornæsium*, 1558, in-8, fig. sur bois du petit
Bernard, mar. bl. tr. dor. (*Bauzonnet.*) 55 fr.

Bel exemplaire.

7. Histoire sacrée en tableaux, avec leur explication (par Oronce de Brianville). *Paris,
Charles de Sercy*, 1670-71-75, 3 vol. in-12,
fig., mar. r. tr. dor. (*Duru.*)     120 fr.

Bel exemplaire d'un livre rare et recherché pour les figures
de Seb. Leclerc. Chacun des 3 vol. est de première édition.
Plusieurs gravures doubles, dont quelques-unes offrant des
différences, ont été ajoutées.
Sur un des feuillets de garde on lit cette note, d'une écriture du XVIII⁰ siècle : « Cet exemplaire vient de la vente Ma-
rielle; il a été choisi dans les trois qui s'y trouvaient, et
il n'est pas possible de trouver une suite de plus belles
épreuves. »

8. Histoire du Vieux et du Nouveau Testament, enrichi de plus de 400 figures en taille
douce, etc. *Anvers, P. Mortier*, 1700, 2 vol.
gr. in-fol., mar. bl. fil. doublé de mar. r.
large dent. tr. dor. (*Reliure ancienne.*) 550 fr.

Superbe exemplaire en grand papier et avant les clous.

9. Histoire de la vie de Jésus-Christ, par le P. de
Ligny; édition ornée de gravures d'après les
tableaux des plus grands maîtres. *Paris,
Crapelet*, 1804, 2 vol. in-4, v. f. fil. tr. dor.
chiffre. (*Niedrée.*)     150 fr.

Bel exemplaire en papier vélin, avec les figures avant la
lettre.

10. Passio Christi ab Alberto Durer, Nuren-
bergensi, effigiata cum varii generis carmi-
nibus fratris benedicti Chelidonii Musophili.
*Impressum Nurenberge, per Alb. Durer,
pictorem, anno Christi* 1511, in-4, 37 fig. sur
bois, mar. r. entrelacements de filets, tr. dor.
(*Bauzonnet-Trautz.*)     150 fr.

Très-bel exemplaire de la *Petite Passion* d'Albert Durer.
Belles épreuves.

11. Fac-simile d'un rarissime petit livre de la

fin du XVI<sup>e</sup> siècle (Thrésor admirable de la
sentence prononcée par Ponce Pilate contre
Notre-Sauveur Jésus-Christ. *Paris, G. Julien*, 1581). *Paris, Techener*, 1839, in-12,
br.                                                    2 fr.

12. Morale de Jésus-Christ et des apôtres, ou
la Vie et les instructions de Jésus-Christ tirées du Nouveau Testament. *Paris, Didot
l'aîné*, 1790, 2 vol. in-18, pap. vél., v. f. fil.
tr. dor. (*Simier*.)                              15 fr.

13. L'OFFICE DE LA SEMAINE SAINTE (à l'usage
de la maison du roy), en latin et en françois,
avec des instructions, prières, etc., par l'abbé
de Bellegarde. *Paris, impr. de J. Colombat,*
1732, gr. in-8, fig., mar. r. compart. tr. dor.
(*Aux armes et au chiffre de Louis XVI.*)

Exemplaire offert en présent par le roi LOUIS XVI à la princesse de LAMBALLE, le jour de sa fête.

Sur le feuillet de garde se trouve l'envoi de la main de
Louis XVI, en cinq lignes, un billet autographe de la reine
MARIE-ANTOINETTE, en onze lignes, et quelques mots de la
jeune Marie-Thérèse, dite alors *Madame première*, depuis
duchesse d'Angoulême et dauphine.

Nous reproduisons ici ces lignes si touchantes, sur lesquelles
nous ne nous permettrons aucune réflexion :

« Madame ma cousine, c'est aujourd'hui votre fête, je vous
prie de recevoir ce livre qui me vient de ma mère, et où j'ai
appris à prier Dieu ; je le prie pour vous, il bénit vos vertus. »

                                                    LOUIS.

« Mon cher cœur, moi aussi je veux vous parler de toute mon
amitié dans cette occasion ; je viens après le roi, mais je suis au
au mesme rang pour mon amitié pour vous ; mes enfants aussi
vous aiment, nous prions tous Dieu à deux genoux pour que
vous soyiez heureuse ; ils savent bien, ma chère Lamballe, que
vous vous plaisez à les regarder comme les vostres, et vous
êtes dans leurs prières comme dans leur cœur. »

                                   MARIE-ANTOINETTE.

« Madame, je ne vous oublirai jamais. »

                        Votre cousine, MARIE-THÉRÈSE.

14. Traitez singuliers et nouveaux contre le
paganisme du Roi-Boit, par J. Deslyons. *Pa-*

ris, *Savreux*, 1670, in-12, mar. r. tr. dor.
(*Duru.*) 18 fr.

15. Les Provinciales, ou Lettres escriptes par
Louis de Montalte (Bl. Pascal)..., traduites
en latin, en espagnol et en italien. *Cologne*
(*Holl.*), 1684, in-8, mar. r. fil. tr. dor. (*Reliure ancienne.*) 30 fr.

Bel exemplaire de cette édition, dite *les Provinciales en
quatre langues.*

16. Le Quadragésimal spirituel, ou Caresme
allégorié pour enseigner le simple peuple à
deuëment et salutairement jeûner et voyager.
*Paris, J. Bonfons, achevé d'imprimer le
mercredi des Cendres*, 1565, in-8, mar. r.
tr. dor. (*Duru.*) 25 fr.

Volume rare et curieux. L'auteur parle des mets que l'on
mange en carême, et à chacun il attache un sens spirituel.
Le titre est raccommodé.

17. Mémoires pour un sermon sur les hantises
de la campagne (entre les garçons et les filles). (A la fin) : *Lille, J.-B. Henry, s. d.*, pet.
in-12, demi-rel. 10 fr.

Petit volume rare. Ce sermon, dont l'intention paraît
bonne, est écrit parfois si naïvement, pour ne pas dire d'une
manière si bouffonne, qu'il n'a pas dû produire l'effet que
l'auteur en attendait. Le volume est terminé par cet avis : « On
prie ceux entre les mains de qui ce sermon tombera, de ne le
faire voir ou de ne le donner qu'à ceux que l'on croit devoir
en faire un bon usage pour le salut des âmes. »

18. Thomæ a Kempis de Imitatione Christi.
*Lugduni (Batav.), apud J. et D. Elsevi-
rios, s. a.*, pet. in-12, mar. r. fil. tr. dor.
(*Reliure ancienne.*) 60 fr.

Joli exemplaire.

19. Anatomie de la messe, où il est monstré
par l'Escriture saincte et par les témoignages

de l'ancienne Eglise, que la messe est con-
traire à la parole de Dieu et éloigne du che-
min de salut, par Pierre du Moulin. *Leide,
Bonaventure et Abr. Elsevier,* 1638, pet.
in-12, mar. citr. fil. tr. dor.      50 fr.

Joli exemplaire, grand de marges : 135 millim. (5 p.).

20. Histoire des tromperies des prestres et des
moines, décrite dans un voyage d'Italie, par
G. d'Émiliane. *Rotterdam, A. Acher,* 1727,
2 tom. en 1 vol. pet. in-8, fig., demi-rel.,
dos et coins de mar. r., non rog. (*Duru.*) 15 fr.

21. Le Passe-partout de l'Église romaine, ou
Histoire des tromperies des prêtres et des
moines en Espagne, par A. Gavin; traduit
de l'anglois par Janiçon. *Londres, J. Ste-
phens,* 1726, 3 vol. in-12, mar. r. tr. dor.
(*Duru.*)      40 fr.

22. Commentaire philosophique sur ces pa-
roles de Jésus-Christ : « Contrains-les d'entrer..., » traduit de l'anglois du sieur Jean
Fox de Bruggs, par M. J. F. (c'est-à-dire par
Bayle). *Cantorbéry,* 1686-87, 3 vol. in-12,
mar. r. fil. tr. dor. (*Boyet.*)      60 fr.

Exemplaire de Ch. Nodier.

23. Hadriani Beverlandi de fornicatione ca-
venda admonitio, sive adhortatio ad pudici-
tiam et castitatem. *Juxta exemplar Londi-
nense,* 1698, pet. in-8, mar. r. fil. tr. dor.
(*Reliure ancienne.*)      10 fr.

24. Discours sur la liberté de penser, traduit
de l'anglois (de Collins), et augmenté d'une
lettre d'un médecin arabe. *Londres,* 1714,

in—8, gr. pap., mar. r. fil. tr. dor.
(*Duru.*) 25 fr.

Exemplaire de Ch. Nodier, en grand papier.

25. Relation de l'isle de Bornéo (par Fonte-
nelle, avec des additions et la clef). *En Europe* (*Paris, Didot*), 1807, in-12, pap. vél.,
portr., mar. bl. fil. tr. dor. (*Bauzonnet.*) 20 fr.

Tiré à 100 exemplaires. C'est l'histoire allégorique des Églises de Rome et de Genève, désignées sous lo nom de *Mero*
et *Enegu.*

# JURISPRUDENCE.

Rigines du droit français cherchées
dans les symboles et formules du
droit universel, par Michelet. *Paris, Hachette*, 1837, in-8, demi-rel.,
dos et coins de mar. bl. (*Closs.*) 6 fr.

27. Compilation chronologique, contenant un
recueil en abrégé des ordonnances, édits,
déclarations et lettres patentes des rois de
France, par G. Blanchard. *Paris, Moreau*,
1715, 2 vol. in-fol., bas. 10 fr.

28. Sensuivent les constitutions et ordonnances faictes et compilees pour le bien et utilite
des regnicoles de France, par les amateurs de
justice, les roys Charles septieme, Loys un-
zieme, Charles huitieme, Loys douzieme et
François premier (publ. par Gilles d'Auri-
gny). (A la fin) : *Acheve dimprimer le vingt-
neuvieme jour dapvril* 1527, gr. in-8 goth.,
mar. r. fil. tr. dor. (*Bauzonnet-Trautz.*) 50 fr.

Exemplaire rempli de témoins.

29. Causes célèbres et intéressantes, avec les jugemens qui les ont décidées; rédigées par Richer. *Amsterdam, Rey*, 1772, 22 vol. in-12, cart., dos de toile. (*Bauzonnet.*)          40 fr.

30. Arrest mémorable du parlement de Tolose, contenant une histoire prodigieuse d'un supposé mari, advenue de notre temps (histoire de Martin Guerre); par Jean de Coras. *Paris, Gab. Buon*, 1579, in-8, mar. r. fil. tr. dor. (*Bauzonnet.*)          30 fr.

31. Plaidoyez de M. *** (Érard), avocat au parlement. *Paris, Le Febvre*, 1696, in-8, mar. r. fil. tr. dor. (*Reliure ancienne.*)     15 fr.

Parmi ces plaidoyers, on en remarque un pour le duc de Mazarin contre la duchesse de Mazarin, qui refusait de venir habiter le domicile conjugal.

32. Mémoire du procès extraordinaire contre madame de Brinvilliers et de la Chaussée, avec la défension et l'arrest de la cour donné contre la dite dame. *Suivant la copie de Paris, à Amsterdam, chez Henri et Théodore Boom*, 1676, 3 part. en 1 vol. pet. in-12, mar. v. fil. tr. dor. (*Niedrée.*)     30 fr.

33. Recueil général des pièces contenues au procez du marquis de Gesvres et de mademoiselle Mascrani son épouse. *Rotterdam, Reinier Leers*, 1714, 2 vol. in-12, demi-rel. v. f., non rog., tr. sup. dor.     15 fr.

Un des derniers procès pour cause d'impuissance.

34. Plaidoyer de M. Freydier contre l'introduction des cadenats ou ceintures de chasteté. *Montpellier, Rochard*, 1750, in-8, v.     30 fr.

Édition originale. On y a ajouté trois figures fort piquantes, une petite, et deux grandes qu'on a été obligé de plier. Deux

de ces gravures représentent le jaloux attachant la ceinture ;
dans la troisième, l'amour remet à l'amant la clef du cadenas.
Ces estampes paraissent être du temps de la cause.

35. Le même ouvrage. *Montpellier, Rochard,*
    1750, in-8, v. f. fil. tr. dor.              15 fr.
      Édition originale.

36. OEuvres de d'Aguesseau. *Paris,* 1759-89,
    13 vol. in-4, portr., mar. bl. fil. tr. dor. (*Ar-
    mes de France.*)                           120 fr.

37. Le Barreau, par Os. Pinard. *Paris, Pa-
    gnerre,* 1843, in-8, mar. vert, fil. tr. dor.
    (*Lardière.*)                                10 fr.

38. LA PRACTIQUE ET ENCUIRIDION des causes
    criminelles, illustrées par plusieurs élégan-
    tes figures, rédigé en escript, par Josse de
    Damhoudère, docteur ès droit. *Louvain, Es-
    tienne Wauters et Jehan Bathen,* 1554,
    in-4, mar. r. tr. dor. (*Duru.*)           150 fr.

Ouvrage curieux à cause des 56 figures sur bois qui y sont
imprimées dans le texte, et qui représentent les crimes et les
supplices. Trois de ces planches, qui ont pour sujet l'*Adultère*,
la *Fornication* et l'*Inceste*, présentent des obscénités (voir les
pages 198, 199 et 201).
  La plus ancienne édition dont M. Brunet fasse mention, est
de 1555. La nôtre, qui lui est antérieure d'un an, doit être pré-
férée, non-seulement comme étant plus rare, mais encore
comme ayant les premières épreuves des gravures.
  On voit dans un avis au lecteur, placé à la fin du volume,
que l'auteur aurait désiré orner son livre d'un plus grand nombre de figures, ce qu'il n'a pu faire, dit-il, par la *paresse du
peintre et du tailleur* (graveur). Son désir a été en partie sa-
tisfait dans l'édition d'*Anvers, J. Bellère,* 1564, qui contient
douze planches de plus. Ces douze planches ont été ajoutées
à notre exemplaire, qui, par conséquent, est aussi complet que
possible. On y a même joint une figure qui s'y trouve déjà,
celle de la page 201 (l'*Inceste*). Dans cette épreuve retouchée,
on a fait disparaître l'obscénité.

39. La Bastonnade et la flagellation pénales,
    considérées chez les peuples anciens et chez
    les modernes, par le comte Lanjuinais. *Pa-
    ris, Baudouin,* 1825, in-12, v. f. fil.   2 fr.

40. Motifs et discours prononcés lors de la discussion du code civil par les divers orateurs du conseil d'État et du tribunat. *Paris*, *Didot*, 1841, 2 vol. gr. in-8, cart., dos de toile. (*Bauzonnet.*)          20 fr.

41. Droit administratif, par Cormenin. *Paris*, *Pagnerre*, 1840, 2 vol. in-8, demi-rel., dos et coins de mar. vert. (*Closs.*)          50 fr.

42. Histoire des perruques, où l'on fait voir leur origine, leur usage, leur forme, l'abus et l'irrégularité de celles des ecclésiastiqués, par J.-B. Thiers. *Avignon, Chambeau,* 1777, in-12, v. f. fil. tr. dor., chiffre. (*Niedrée.*)          10 fr.

43. Principes sur la nullité du mariage pour cause d'impuissance, par M. (Boucher d'Argis,) avocat. *Londres*, 1756. — Traité de la dissolution du mariage pour cause d'impuissance (par le président Bouhier). In-8, v. m.          5 fr.

## SCIENCES ET ARTS.

### I. INTRODUCTION.

Dictionnaire raisonné universel des arts et métiers, contenant l'histoire, la description, la police des fabriques et manufactures de France et des pays étrangers, par l'abbé Jaubert. *Paris, Didot jeune,* 1773, 5 vol. pet. in-8, mar. r. fil. tr. dor. (*Aux armes de la comtesse d'Artois.*)          35 fr.

45. Manuel lexique philologique, didactique et

polytechnique, ou Dictionnaire portatif des
sciences et des arts, par Demoustier. *Paris,*
1841, in-8, demi-rel. v. f.                5 fr.

## II. SCIENCES MORALES.

### 1. *Morale, économie.*

46. Collection des moralistes anciens. *Paris,
Didot l'aîné et Debure*, 18 tomes en 9 vol.
in-18, pap. d'Annonay et pap. vél., mar. bl. tr.
dor. (*Duru.*)                100 fr.

Ainsi composée : Manuel d'Epictète (traduit par Naigeon),
1782. — Pensées morales de Confucius, trad. par Lévesque,
1783. — Pensées morales de divers auteurs chinois, trad. par
le même, 1782. — Morale de Sénèque (par Naigeon), 1782,
2 vol. — Pensées morales d'Isocrate, par Auger, 1782. — Pensées morales de Cicéron, par Lévesque, 1783. — Caractères de
Théophraste, trad. par Lévesque, 1782. — Sentiments de Théo-
gnis et de Phocylide, etc., trad. par Lévesque, 1783. — Entretiens mémorables de Socrate, trad. de Xénophon, par Lévesque, 1782, 2 vol.—Apophthegmes des Lacédémoniens, trad. par
Lévesque, 1795. — Pensées morales de Plutarque, trad. par le
même, 1794, 2 vol.— Vies et apophthegmes des philosophes
grecs, trad. par le même, 1795. — Morale de Jésus-Christ,
1790, 2 vol.

47. Mil IIII vingtz et quatre demandes avec
les solutions et responses à tous propoz,
œuvre curieux et moult recreatif selon le
saige Sidrac. *Paris, Galliot du Pré*, 1531,
pet. in-8, lettres rondes, mar. citr. fil. tr.
dor. (*Thompson.*)                50 fr.

Exemplaire de Pixerécourt.

48. LES ESSAIS DE MICHEL, SEIGNEUR DE MON-
TAIGNE. *Bruxelles, Fr. Foppens*, 1659, 3 vol.
in-12, mar. r. fil. tr. dor.                120 fr.
Joli exemplaire en reliure ancienne.

49. Essais de Montaigne. *Paris, Desoër*, 1818

4 vol. in-18, fig., demi-rel., dos et coins de mar., non rog. 15 fr.

50. Maximes et réflexions morales du duc de La Rochefoucauld. *Paris, P. Didot,* 1796, in-18, gr. pap. vél., portr. avant la lettre, mar. citr. dent. tr. dor. (*Simier.*) 12 fr.

51. La Oille : Mélange, ou Assemblage de divers mets pour tous les goûts, par un vieux cuisinier gaulois. *Constantinople,* 1755, pet. in-12, fig. br. 5 fr.

52. Petit volume contenant quelques aperçus des hommes et de la société, par Jean-Baptiste Say. *Paris, Guillaumin,* 1839, in-18, v. ant. fil. tr. dor. (*Koehler*). 8 fr.

53. Le Ménagier de Paris, traité de morale et d'économie domestique, composé vers 1393 par un bourgeois parisien, contenant des préceptes moraux, des instructions sur l'art de diriger une maison, des renseignements sur la consommation du roi, des princes et de la ville de Paris, à la fin du XIV siècle ; un traité de cuisine fort étendu, etc. *Paris, Crapelet,* 1846, 2 vol. in-8, pap. de Hollande, mar. bl. fil. tr. dor. (*Duru*). 60 fr.

Publié par la Société des bibliophiles français, et tiré à petit nombre.

54. Bref instruction pour tous estas, en laquelle est une description des abus qui s'y commettent, avec bons et saincts enseignements, comment chacun se doit gouverner en l'estat auquel Dieu l'a appelé, par G. C. *Paris, N. Bonfons, s. d.,* in-8, cart. (*Mouillé.*) 10 fr.

Imprimé en caractères de civilité.

55. La Maison réglée et l'art de diriger la
maison d'un grand seigneur et autres, tant
à la ville qu'à la campagne, et le devoir de
tous les officiers et autres domestiques en
général (par Audiger). *Paris, N. Le Gras,*
1692, in-12, fig., v. br.                25 fr.
Livre curieux et rempli de renseignements sur les diverses
dépenses d'une maison au XVII<sup>e</sup> siècle ; prix des objets de
consommation, gages des domestiques, etc.

56. Trattato de costumi, opera di M. Giovanni
della Casa. Le Galathec faict nouvellement
en italien et en françois... *In Lione, ap-
presso Alexandro Marsilii,* 1584, in-16,
mar. r. tr. dor. (*Duru.*)                20 fr.


## 2. *Politique, économie politique.*


57. L'Utopie de Thomas Morus, chancelier
d'Angleterre, traduicte par Samuel Sorbière.
*Amsterdam, Blaeu,* 1643, pet. in-12, demi-
rel., dos et coins de mar. v. (*Muller*). 10 fr.
58. La Cité du Soleil, ou Idée d'une république philosophique, par Campanella ; traduit du latin par de Villegardelle. *Paris,
Levasseur,* 1840, in–18, demi-rel , v. f. (*Bauzonnet-Trautz.*)                3 fr.
59. Modèle d'un nouveau ressort d'œconomie
politique, ou Banque rurale, offert aux observations du public par P.-A., vicomte D'***,
1772, in-4, mar. r. riche dent. tr. dor. (*Reliure ancienne.*)                10 fr.
Manuscrit.

60. Cours complet d'économie politique pratique ; par J.-B. Say. *Paris, Guillaumin,*

1840, 2 vol. gr. in-8, demi-rel. dos et coins
de mar. bl. tr. dor. (*Closs.*)          20 fr.

### III. HISTOIRE NATURELLE.

61. Discours sur les révolutions de la surface
du globe , par G. Cuvier. *Paris* , 1840, in-12,
demi-rel. v. f. (*Niedrée.*)          4 fr. 50 c·

62. Lettres sur les révolutions du globe, par
A. Bertrand; 5e édition. *Paris* , *Tessier* ,
1839, in–8 , cart. (*Bauzonnet.*)          5 fr.

63. C. Plinii Secundi naturæ historiarum libri XXXVII. *Venetiis* , *per Joannem Alvi-
sium de Varisio*, 1499, in-fol., non-rel. 15 fr.

64. De l'Aranéologie , par Quatremère Disjon-
val. *Paris* , *Fuchs* , *an V*, in-8, demi-rel. v.
f., non rog.          3 fr.

65. Le Jardin des plantes , description et
mœurs des mammifères de la Ménagerie et
du Muséum d'histoire naturelle , par Boitard.
*Paris* , 1842, gr. in-8, fig., v. f. fil. tr. dor.,
chiffre. (*Closs.*)          20 fr.

### IV. MÉDECINE.

66. La première et seconde partie des erreurs
populaires touchant la médecine et le régime
de santé, par Laurent Joubert. *Paris, Claude
Micard* , 1587, 2 part. en 1 vol. in-8 , v. f.
fil. tr. dor. (*Simier.*)          15 fr.

67. Traité des causes du ris et de tous ses acci-
dents, fait par M. Laur. Joubert, Valentinois; translaté en françois par Loys Papon,

chanoine de Mombrison. *Lyon, J. de Tour-nes*, 1560, in-8, mar. r. fil. tr. dor. (*Bau-zonnet-Trautz.*) 50 fr.

Première édition. Bel exemplaire qui porte la signature de Rasse des Nœux, chirurgien de Charles IX.

68. Secreta mulierum, translaté de latin en françoys, nouvellement imprimé. *S. l. n. d.*, pet. in-8 goth., mar. viol. tr. dor. (*Koeh-ler.*) 30 fr.

Exemplaire de Ch. Nodier.

69. Secreta mulierum et virorum, ab Alberto magno composita, nuperrime correcta et emendata. ( A la fin) : *Impressum Parisiis pro Dionisio Roce, s. a.*, pet. in-8, goth., v. f. fil. tr. dor. 12 fr.

70. Tractatus physiologicus de pulchritudine, juxta ea quæ de sponsa in canticis canticorum pronunciantur. *Bruxellis, F. Foppens*, 1662, pet. in-8, fig., mar. r. fil. (*Koehler.*) 20 fr.

Exemplaire de Ch. Nodier, *non rogné.*

71. Sibylla Trig-Andriana, seu de virginitate, virginum statu et jure tractatus jucundus, paratus per Henricum Kornmannum. *Coloniæ, P. Marteau*, 1765, in-8, v. f. fil. (*Lardière.*) 10 fr.

72. Des hermaphrodits, accouchements des femmes, et traitement qui est requis pour les relever en santé et bien élever leurs en-fans, où sont expliquez la figure du labou-reur et verger du genre humain, signes de pucelage, défloration, etc., par M° Jacques Duval. *Rouen, D. Geuffroy*, 1612, in-8, mar. r. tr. dor. (*Duru.*) 25 fr.

73. Observations sur la stérilité, perte de fruit,
fœcondité, accouchements et maladies des
femmes et enfants nouveaux-naiz, par L. Bourgeois, dite Boursier, sage-femme de la royne.
*Paris, Dehoury, s. d.* (1652), 4 part. en
1 vol. in-8, titre gravé, v. br.          10 fr.

Ouvrage curieux, recherché surtout pour le récit de la naissance de Louis XIII. Le volume est orné des portraits de Marie
de Médicis et de Louise Bourgeois, gravés par S. Hacquin.

74. Lucine affranchie des lois du concours et
le plaisir sans peine (traduit de l'anglais de
J. Hill par Moët, et publié par Mercier de
Compiègne). *Paris, Favre, an VII*, in-18,
fig., v. f. fil. tr. dor.                  8 fr.

75. De l'Utilité de la flagellation dans la médecine, etc., ouvrage singulier, traduit du latin
de J.-H. Meibomius (par Mercier de Compiègne). *Paris, Mercier*, 1795, in-18, pap.
vél., fig., mar. r. fil. tr. dor. (*Duru.*) 25 fr.

76. Traité des eunuques, dans lequel on ex-
plique toutes les différentes sortes d'eunuques, quel rang ils ont tenu et quel cas on
en a fait, etc., par M*** D*** (par Ch. An-
cillon). *S. l.*, 1707, in-12, v. f. fil. tr.
dor.                                       5 fr.

77. Traicté de la nature du vin, et de l'abus
tant d'icelui que des autres breuvages par le
vice d'ivrognerie, par Vincent Textor. (*Genève*), *Gabr. Cartier*, 1604, in-8, mar. lie de
vin, tr. dor. (*Duru.*)                    30 fr.

Exemplaire de Ch. Nodier.

78. Essai sur les combustions humaines pro-
duites par un long abus des liqueurs spiri-
tueuses, par Pierre-Aimé Lair. *Caen, Pois-*

*son*, 1823, in-12, pap. vél., cuir de Russie, fil., non rog. (*Duru.*) 5 fr.

79. Nouveau recueil des secrets et curiositez rares et nouvelles des plus admirables effets de la nature, par d'Émery. *Leyde, Vander Aa*, 1688, pet. in-12, fig., vél. 5 fr.

80. D'une pugnition divinement envoyée aux hommes et aux femmes pour leurs paillardises et incontinences désordonnées (en 1493), avec notes fructueuses, par P.-S. Baliger (G. Peignot). *A Naples et en France*, 1836, *Paris, Techener*, in-8, demi-rel. v. bl., non rog. 5 fr.
Exemplaire en papier fort.

## V. SCIENCES MATHÉMATIQUES; SCIENCES OCCULTES.

81. Les Récréations mathématiques, avec l'examen de ses problèmes en arithmétique, géométrie, méchanique, etc., revu par Henrion et Mydorge. *Rouen, Vaultier*, 1669, in-8, vél. 5 fr.

82. Traité de géométrie théorique et pratique à l'usage des artistes, par Sébastien Leclerc. *Paris, Jaubert*, 1744, in-8, fig., mar. bl. fil. tr. dor. (*Reliure ancienne.*) 10 fr.

83. Déclaration de l'usage du graphomètre, par la pratique duquel l'on peut mesurer toutes distances des choses...., inventé nouvellement par P. Danfric. *Paris, Danfrie*, 1597, in-8, fig., v. f. fil. tr. dor. (*Petit.*) 15 fr.
Imprimé en caractères de civilité.

84. La Philosophie occulte de Henri Corn.

Agrippa, traduite du latin. *La Haye*, 1727,
2 vol. in-8, v. f. fil. tr. dor. (*Padeloup.*) 50 fr.

Bel exemplaire en grand papier, de la bibliothèque de Ch.
Nodier.

85. Apologie pour tous les grands personnages
qui ont été faussement soupçonnés de magie,
par G. Naudé. *La Haye*, 1542, in-8, mar. r.
fil. tr. dor. (*Boyet.*)                 30 fr.

Exemplaire de Ch. Nodier.

86. Histoire des diables de Loudun, ou de la
possession des religieuses Ursulines, et de la
condamnation et supplice d'Urbain Grandier
(par Aubin.) *Amsterdam, Wolfgang*, 1693,
pet. in-12, mar. bl. fil. tr. dor. (*Reliure ancienne.*)                                 10 fr.

## VI. ARTS.

### 1. *Calligraphie, typographie, etc.*

87. Champ fleury auquel est contenu l'art et
science de la deue et vraye proportion des
lettres attiques (par Geofroy Thory). *Paris,
Geofroy Thory* (1529). pet. in-fol., fig. sur
bois, demi-rel. mar. vert.             30 fr.

88. Un novo modo d'insegnar a scrivere et
formar lettere di piu sorti, che da altri non
prima c'hora usate, novamente da frate
Vespasiono. *In Venegia*, 1548, iu-4 obl.,
mar. r. riche dent. tr. dor.           40 fr.

Curieux recueil contenant 85 modèles d'alphabets historiés
et d'ornements gothiques gravés sur bois.

89. Exercitatio alphabetica nova et utilissima....

Cl. Perreti industria edita. *Antuerpiæ, Plantin*, 1569, pet. in-fol. obl. avec 35 pl., demi-rel. mar. br.                20 fr.

Exemples d'écritures et d'ornements, gravés en taille douce par Corn. de Hooghe.

90. Nova alphati (*sic*) effictio, historiis ad singulas literas correspondentibus et torcumate Bryanæo artificiose in æs incisis illustrata *Fr. ad Mœnum*, 1595, in-fol., 5 fig. montées, mar. vert, compart. tr. dor. (*Capé.*) 60 fr.

91. Nouveau livre d'écriture ronde, bâtarde et coulée, d'après le sieur Roland, gravé par L. Borde. *Paris, Chereau, s. d.*, in-4 obl., br.                5 fr.

92. Alphabet album, ou Recueil de 60 feuilles d'alphabets historiés et fleuronnés, tirés des plus beaux manuscrits de l'Europe, par S.-B. Silvestre. In-fol., cart.                20 fr.

93. Polygraphie et universelle escriture cabalistique de **M. J.** Tritheme, abbé, traduicte par G. de Collange. *Paris, Kerver*, 1561, in-4, vél.                10 fr.

94. Manuel typographique, par Fournier le jeune. *Paris, Barbou,* 1764, 2 vol. in-12, v. f. fil. tr. dor., chiffre. (*Closs.*) 20 fr.

95. Épreuve du premier alphabet droit et penché, ornée de quadres et de cartouches; *gravée par ordre du roy pour l'imprimerie royale, par Louis Luce.* 1740, in-64, mar. bl, fil. tr. dor.                10 fr.

96. L'Art de conduire et de régler les pendules et les montres, par F. Berthoud. *Paris,* 1759, pet. in-12, mar. vert, tr. dor. (*Duru.*) 10 fr.

## 2. *Beaux-Arts.*

### *A.* Peinture.

97. Lectures on painting, by J. Opie. *London,*
1809, in-4, portr., cart., non rog.      10 fr.

98. Sentiments sur la distinction des diverses
manières de peinture, dessin et gravure, et
des originaux d'avec leurs copies, par **A.**
Bosse. *Paris, chez l'auteur,* 1649, in-12, fig.,
v. f. fil. tr. dor. (*Hering et Muller.*)  10 fr.

99. L'Optique des couleurs, fondée sur les simples observations, et tournée surtout à la pratique de la peinture, de la teinture et des
arts coloristes, par Castel. *Paris, Briasson,*
1740, in-12, v. f.                      3 fr.

100. Les Peintures de Charles Le Brun et
d'Eustache Lesueur qui sont dans l'hôtel du
Chastelet, ci-devant la maison du président
Lambert, dessinées par Bernard Picart, et
gravées par lui et par différents graveurs,
avec la description de cette belle maison. *Pa-*
*ris,* 1740, in-fol., demi-rel.          50 fr.

101. Galerie de Saint-Bruno, peinte par Le
Sueur, dessinée et gravée par Villerey. *Paris,*
*Villerey,* 1808, in-8, pap. vél., fig., cuir de
Russie, fil. tr. dor. (*Bauzonnet.*)      20 fr.
Avec les figures avant la lettre et les eaux-fortes.

102. La Galerie du palais du Luxembourg,
peinte par Rubens, dessinée par Nattier et
gravée par les plus habiles graveurs du temps.
24 pl., v. tr. dor.                      60 fr.
Épreuves avant les numéros.

103. Catalogue raisonné des tableaux du roy, avec un abrégé de la vie des peintres, par Lépicié. *Paris, I. R.*, 1752, 2 vol. in-4, mar. r. fil. tr. dor. (*Aux armes de France.*) 25 fr.

104. GALERIE DU MUSÉE NAPOLÉON, publiée par Filhol. *Paris, Filhol*, 1804-15-28, 11 vol. in-4, pap. vél., fig., lettres grises, demi-rel. mar. r., non rog. 350 fr.

105. Galerie du Palais-Royal, gravée d'après les tableaux de différentes écoles qui la composent, par J. Couché. *Paris*, 1786-1808, 3 vol. in-fol., demi-rel. mar. 200 fr.

106. Galeries historiques du palais de Versailles. *Paris, I. R.*, 1839, 9 vol. in-8, cart. 15 fr.

107. Indicateur de la galerie des portraits, tableaux et bustes, qui composent la collection du roi, au château d'Eu, *Paris, P. Dupont*, 1836, in-18, demi-rel., v. bl. - 2 fr.

108. TABLEAUX, STATUES, BAS-RELIEFS ET CAMÉES, de la galerie de Florence et du palais Pitti, dessinés par Wicar, et gravés sous la direction de Lacombe et Masquelier, avec des explications par Mongez. *Paris*, 1789-1807, 4 vol. gr. in-fol., cart., non rog. 550 fr.

Exemplaire avec les figures avant la lettre.

109. THE NATIONAL GALLERY of pictures by great masters, presented by individuals or purchased by grant of parliament, *London, Jones*, *s. d.*, in-fol., fig. sur pap. de Chine, demi-rel., dos et coins de mar. r. tr. dor. 80 fr.

Superbe exemplaire. Ce recueil remarquable renferme cent dix planches.

*B.* Gravure.

a. *Recueils d'estampes.*

110. Les Misères et les malheurs de la guerre,
représentez par Jacques Callot et mis en lumière par Israel. *Paris*, 1633, 18 fig. — La
Vie de l'enfant prodigue, faite par J. Callot.
1635, 11 fig. — Nouveau Testament, faict
par Jacques Callot. *Paris*, 1635. — Balli di
Sfessiana di Jac. Callot, 24 fig., et 10 autres
fig.; ensemble 76 pièces en 1 vol. in-4 obl.,
v. rose, tr. dor. (*Bibolet.*)          50 fr.
111. Exercices militaires, fait par J. Callot; mis
en lumière par Israel. *S. l.*, 1635, 13 fig.
— Les Fantaisies de J. Callot. *S. l.*, 1635,
13 fig. — Vita et historia beatæ Mariæ virgi-
nis, matris Dei, a nobili J. Callot inventa.
*Parisiis, s. a.*, 13 fig. — Nouveau Testament, fait par J. Callot, qui n'a pas sceu
finir le reste, prévenu de la mort l'année
1635. *Paris, Henriet*, 35 grav. de S. Clerc,
10 fig. de Callot et 35 de Séb. Leclerc; ensemble 77 pièces en 1 vol. in-8 obl., demi-
rel.          60 fr.
112. Les Gueux, par J. Callot (25 pièces). —
La Noblesse (12 pièces); ensemble 37 pièces
montées et encadrées avec soin, in-4, demi-
rel. v. bl.          30 fr.
113. Dessins de quelques conduites de troupes,
canons et de villes, faictes par de la Belle et
gravées par Israel. 12 fig. in-8 obl., demi-rel.
v. rac.          40 fr.

On a relié à la suite : Varii capricii militarii di Stef. della
Bella, 8 fig.— Divers exercices de cavalerie, 17 fig. (avant les

numéros). — *Diversi capricii. Paris, Langlois*, 32 fig. — 9 fig. de la Vie do Jésus-Christ, gravées par Vauquer. *Paris, Poilly*. — Varii figure gobbi di J. Callot fatto in Firenza. 1636, 11 fig.

114. Les Jeux et plaisirs de l'enfance, inventez par Jacques Stella et gravés par Claudine Bouzonnet-Stella. *Paris*, 1657, in-4 obl., v. br. (*Taché*.)     10 fr.

115. OEuvre de Jacques Lagniet, graveur de caricatures du XVII<sup>e</sup> siècle (504 pièces). 2 vol. gr. in-4, mar. r. fil. tr. dor. (*Thouvenin*.)     1400 fr.

Cet exemplaire est le plus complet que l'on connaisse de l'œuvre de Lagniet. Il a appartenu à Méon, et l'on trouve en tête du premier volume la note suivante, écrite de sa main :

« *Recueil des plus illustres proverbes mis en lumière par Jacques Lagniet*, 2 vol. in-4. Le premier livre contient : *les Proverbes moraux*, en 141 pièces ; le deuxième : *les Proverbes joyeux et plaisants*, 106 pièces ; le troisième : *la Vie des Gueux*, 31 pièces ; le quatrième : *la Vie de Tiel Ulespiegle*, 36 pièces (le duc de La Vallière n'avait que les trois premiers livres) ; *Ebatement moral des animaux*, 25 pièces ; *les Aventures du fameux don Quixot de la Manche et de Sancho Pansa, son écuyer*, 38 pièces ; *les Aventures de Buscon*, 12 pièces, et une suite de 110 sujets plaisants du même genre.

« Ces deux volumes renferment 504 pièces de Lagniet, dont je n'ai vu encore la réunion sur aucun catalogue ; l'abbé de Saint-Léger m'avait cédé celles qui composent le deuxième volume. »     MÉON.

Pour une description plus détaillée de ce recueil, on peut consulter le catalogue des livres de M. B. (Bourdillon), *Paris, Merlin*, 1830 (n. 58), ou le catalogue des livres du même amateur, rédigé par M. Victor Tilliard. *Paris*, 1847 (n. 17).

116. Veues des plus beaux batimens de France. *Paris, Mariette, s. d.*, in-fol., mar. bl. tr. dor., chiffre. (*Niedrée*.)     150 fr.

Recueil composé de 313 planches.

117. Recueil de vignettes pour les Contes de la reine de Navarre, gravées d'après les dessins de Freudenberg. In-8, mar. r. dent. doublé de tabis, tr. dor.     30 fr.

Très-bonnes épreuves ; deux des figures sont remontées.

**118.** Gravures pour les OEuvres de Voltaire, gravées d'après les dessins de Moreau (2e suite).
In-8, demi-rel. mar. r.                      20 fr.

**119.** Figures des Fables de La Fontaine, gravées par Simon et Coiny. *Chez les auteurs,*
46 livr.                                     20 fr.

Exemplaire de souscription.

**120.** Trente vignettes pour les Contes de La
Fontaine, en partie gravées par Coiny et Duplessis-Bertaux. In-12, demi-rel. mar. v. 10 fr.

**121.** Suite de 147 vignettes d'après les dessins
de Desenne, pour les OEuvres de La Fontaine.
In-18.                                       10 fr.

**122.** Types et caractères anciens, dessins par
Fragonard; texte par Mazuy. *Paris,* 1841,
in-4, cart. en toile.                        10 fr.

**123.** OEuvres choisies de Gavarni, études de
mœurs contemporaines. *Paris,* 1846, 2 vol.
gr. in-8, cart. en toile, tr. dor.           20 fr.

**124.** La Revue comique, à l'usage des gens sérieux, texte par Lireux, Caraguel, etc.; dessins par Bertall, Nadar, etc. Novembre 1848
— avril 1849. *Paris, Dumineray, s. d.,*
gr. in-8, cart., dos de toile. (*Bauzonnet.*)                                       15 fr.

**125.** Nouveaux ornements, teintés, composés,
dessinés et gravés par Clerget. *Paris, Aubert,* 18 pl. — Nouveaux ornements composés, dessinés et gravés par Ch.-E. Clerget;
à l'usage des manufactures. *Paris, Aubert,*
1840, 18 pl. in-fol.                         10 fr.

**126.** La Danse des morts, dessinée par Hans
Holbein; gravée sur pierre par J. Schlot-

thauer, expliquée par Hippolyte Fortoul. *Paris, J. Labitte, s. d.*, gr. in-16, v. f. fil. tr. dor., chiffre. (*Closs.*)          15 fr.

127. Catalogue raisonné de toutes les estampes qui forment l'œuvre de Rembrandt, composé par Gersaint, Helle, Glomy. *Paris, Didot*, 1824, in-8, demi-rel. v. f.          4 fr.

128. Hogarth illustrated, by John Ireland. *London, J.-N. Boydell*, 1806, 3 vol. gr. in-8, fig., demi-rel. v. br.          20 fr.

129. The complete works of W. Hogarth. *London, Blach*, 1837, 3 vol. in-8, fig., cart. en toile, non rog.          20 fr.

130. Historical and descriptive account, of the caricatures of James Gilray, by Th. Wright. *London*, 1851, in-8, demi-rel., dos et coin de mar. r. tr. dor.

131. The Works of James Gilray, from the original plates, with the addition of many subjects not before collected. *London*, 2 vol. gr. in-fol., demi-rel. mar. r. tr. dor. 220 fr. Recueil curieux et rare.



132. Catalogue des portraits de personnes illustres, dont plusieurs sont en émail, par le célèbre Petitot et autres, par M. Helle. *Paris*, 1755, br. in-8.          2 fr.

133. Catalogue général des portraits formant la collection de Mgr le duc d'Orléans. *Paris*, 1829, 4 vol. in-8, cart.          10 fr.

134. Portraits of illustrious personages of the court of Henri VIII, engraved in imitation of the original drawings of Hans Hol-

bein, with biographical and historical me-
moirs by Edm. Loge. *London, Bulmer,*
1828, in-fol., demi-rel., dos et coins de mar.
r. fil. tr. dor. (*Wright.*)                    120 fr.

135. The Beauties of the court of king
Charle II, a series of portraits illustrating
the diaries of Pepys, Evelyn, Clarendon,
and others contemporary writers, with me-
moirs, by Mrs Jameson. *London,* 1833, in-fol.,
gr. pap. vél., fig. sur pap. de Chine, mar. r.
dent. tr. dor. (*Reliure anglaise.*)       120 fr.

Très-beau livre.

136. The Works of sir Joshua Reynolds, engraved by Sam. Will. Reynolds. *London,*
3 vol. in-fol., demi-rel., dos et coins de mar.
r. tr. dor. (*Reliure anglaise.*)            400 fr.

Ce beau recueil contient 300 portraits des personnages émi-
nents du règne de Georges III.

c. *Recueils de costumes.*

137. Omnium fere gentium, nostræque ætatis
nationum, habitus et effigies, J. Sluperii
Herzelensis in eosdem epigrammata (lat. et
franç.). *Antuerpiæ, apud Joannem Belle-
rum,* 1572, pet. in-8, fig., v. f. fil. (*Reliure
ancienne.*)                         40 fr.

Ce volume est orné de 121 jolies figures sur bois. Il y a dans
la marge du haut une piqûre raccommodée.

138. De gli Habiti antichi et moderni di diverse
parti del mondo libri due, fatti da Cesare Ve-
cellio. *In Venetia, D. Zenaro,* 1590, in-8
fig. sur bois, mar. r. tr. dor. (*Duru.*) 120 f

Bel exemplaire.

139. Diversarum nationum habitus, centum et quatuor iconibus in ære incisis expressi, item ordines duo processionum, unus summi pontificis, alter Ser. principis Venetiarum, opera P. Bertellii. *Patavii*, 1594.—Tom. alter. Diversarum nationum, habitus, ab eodem Bertellio editi, quibus addita sunt ordo romani imperii, pompa regis Turcarum et personatorum vestitus varii. *Patavii*, 1594, 2 tom. en 1 vol. in-8, mar. bl. compart. à la Grolier, tr. dor. (*Duru.*) 200 fr.

Bel exemplaire d'un recueil recherché et qu'on rencontre bien rarement complet.

Le tome premier se compose de 104 figures numérotées, et de deux grandes planches annoncées sur le titre et qui représentent la procession du pape et celle du doge de Venise.

Le tome deuxième, beaucoup plus rare, doit avoir 78 figures numérotées, et une grande planche pliée que le titre indique sous cette dénomination : *Pompa regis Turcarum.*

## VII. CHASSE —JEUX.

140. Livre du roi Modus et de la royne Ratio. *Paris*, 1839, in-4 goth., fig. sur bois, mar. vert, tr. dor. (*Petit.*) 40 fr.

Réimpression faite sur l'édition de Chambéry, par les soins de M. Elz. Blaze, et tirée à petit nombre.

141. Les Ruses du braconnage mises à découvert, ou Mémoires et instructions sur la chasse et le braconnage, par L. Labruyère. *Paris*, *Lottin*, 1771, in-12, v. f. fil. tr. dor. (*Simier.*) 30 fr.

142. Cinquante jeux divers d'honnête entretien, industrieusement inventés par Messer Innocent Rhinghier, et fais françois par Hubert-Philippe Villiers. *Lyon*, *Ch. Pesnot*, 1555, in-4, v. ant. tr. dor. 20 fr.

143. Les Oracles divertissans, où l'on trouve la décision des questions les plus curieuses pour se réjouir dans les compagnies, avec un traité des couleurs aux armoiries, aux livrées, etc., par W. D. L. C (Vulson de la Colombière). *Amst., Jean Sambix*, 1690, in-12, demi-rel., dos et coins de mar. br. (*Capé.*)　　8 fr.

144. Le Palais de la Fortune, où les curieux trouveront la réponse agréable des demandes les plus divertissantes : ensemble, l'Explication des songes et des visions nocturnes, par W. D. L. C. (Vulson de la Colombière). *Toulouse, Boude*, 1700, in-12, v. br.　　3 fr.

145. Le Jeu des eschez moralisé ( traduit du latin de Jacques de Cessole, par J. de Vignay). *Paris, Michel Lenoir*, 1505, pet. in-4 goth., mar. br. fil. tr. dor. (*Koehler.*) 80 fr.

Volume rare. Quelques piqûres raccommodées dans le milieu du texte.

146. Traité complet du jeu de trictrac, avec figures, suivi d'un traité du jeu de Backgammon. *Paris, Barrois*, 1822, in-8, demi-rel. mar. br.　　4 fr.

## BELLES-LETTRES.

### I. LINGUISTIQUE.

#### 1. *Introduction. — Langue latine.*

Actylologie et langage primitif, restitués d'après les monuments ( par M. Barrois). *Paris*, 1850, in-4, demi-rel. mar. vert, non rog. (*Petit.*)　　20 fr.

148. Christophori Scarpæ Orthographia brevis
et utilis, feliciter incipit (*absque nota*). In-4,
v. f. fil.                                    15 fr.

Traité curieux qui paraît avoir été impr'mé à Trévise à la
fin du XV<sup>e</sup> siècle.

149. Tractatus de orthographia (*fin du XV<sup>e</sup> siècle*). In-4, mar. bl. fil. tr. dor. (*De-
rome*).                                      20 fr.

150. Vocabularius Nebrissensis, Ælii Anthónii
Nebrissensis Dictionarium ex hispaniensc in
gallicum traductum eloquium. *Parisiis*,
1528, in-8 goth., vél. (*Bauzonnet.*)   20 fr.

151. Glossarium eroticum linguæ latinæ, auctore P. P. (P. Pierrugues). *Parisiis, Don-
dey-Dupré*, 1826, in-8, pap. vél., demi-rel.,
dos et coins de mar. vert.                12 fr.

152. Recueil de mots latins et français. 2 vol.
in-12, mar. r. fil., avec fleurs de lis sur le
dos et sur les plats, tr. dor. (*Reliure ancienne.*)                                   250 fr.

Charmant manuscrit sur vélin, attribué à Jarry dans le catalogue de M. A. Martin (n. 306). Il se compose de 88 feuillets
qui contiennent l'A, B, C, D, etc., et un choix de mots latins
avec leurs équivalents en français, très-bien exécutés en or
et en azur. Chaque feuillet est encadré d'un filet d'or.

Ces deux petits volumes, dont la reliure est ornée de fleurs
de lis, paraissent avoir été faits pour donner les premières
notions de latin à un jeune prince de la famille royale, du
temps de Louis XIV.


2. *Langue française.*


153. Project du livre intitulé : De la Precel-
lence du langage françois, par Henri Estienne. *Paris, Mamert Patisson*, 1579, in-8,
mar. br. fil. tr. dor. (*Thompson.*)      40 fr.

L'exemplaire a quelques taches d'humidité.

**154.** Traicté de la conformité du language
françois avec le grec, avec une préface re-
monstrant quelque partie du désordre et
abus qui se commet aujourd'hui en l'usage
de la langue françoise, par Henri Estienne.
*Paris, Henri Estienne, s. d.* in-8, mar. bl.
fil. tr. dor. (*Thompson.*)          30 fr.

Édition originale.

**155.** Dictionnaire étymologique de la langue
françoise, par Ménage; revu et augmenté
par Jault. *Paris, Briasson,* 1750, 2 vol.
in-fol., v. m.          30 fr.

**156.** Dictionnaire des racines et dérivés de la
langue française, par F. Charassin, avec la
collaboration de F. François. *Paris, A. Heois,*
1842, gr. in-8, demi-rel., dos et coins de
mar. r. (*Closs.*)          10 fr.

**157.** Des Variations du langage français depuis
le XII° siècle, par Génin. *Paris, F. Didot,*
1845, in-8, cart., dos de toile. (*Bauzonnet.*)          10 fr.

**158.** Histoire des révolutions du langage en
France, par Francis Wey. *Paris, F. Didot,*
1848, in-8, demi-rel. v. br.          6 fr.

**159.** Recherches sur les formes grammaticales
de la langue française et de ses dialectes au
XIII° siècle, par Gust. Fallot. *Paris, I. R.,*
1839, in-8, demi-rel. v. f., non rog.     12 fr.

**160.** L'Éclaircissement de la langue française,
par Jean Palsgrave, suivi de la Grammaire
de Giles du Guez, publiés pour la première
fois en France par Fr. Génin. *Paris, I. N.,*
1852, très-fort vol. in-4, cart., non rog. 20 fr.

161. Devis de la langue françoise fort exquis et
singulier, faitz par A. M. (Mathieu) de Moys-
tardières. *Paris, Breton*, 1572, in-8,
vél. 20 fr.

162. Nouveau Dictionnaire universel des synonymes de la langue française, contenant les
synonymes de Girard, Beauzée, etc., précédé d'une introduction par M. Guizot. *Paris, Payen*, 1833, 2 vol. in-8, cart. (*Bauzonnet.*) 10 fr.

163. Des mots à la mode et des nouvelles façons de parler (par de Callières). *Paris, Cl.
Barbin*, 1692, in-12, v. br. 5 fr.

164. Du bon et du mauvais usage dans les
manières de s'exprimer, des façons de parler
bourgeoises et en quoi elles sont différentes
de celles de la cour, suitte des mots à la
mode (par de Callières). *Paris, Cl. Barbin*, 1693, in-12, v. br. 5 fr.

165. Les Épithètes de M. de la Porte, livre
non-seulement utile à ceux qui font profes-
sion de la poésie, mais fort propre aussi
pour illustrer toute autre composition françoise. *Lyon, Pierre Rigaud*, 1602, in-16,
v. rac. 10 fr.

166. Dictionnaire françois, contenant les mots
et les choses, plusieurs nouvelles remarques
sur la langue françoise, etc., par Richelet.
*Genève, Widerhold*, 1680, 2 tom. en 1 vol.
in-4, mar. bl. tr. dor. (*Duru.*) 150 fr.
Bel exemplaire. Édition originale, rare et recherchée.

167. Le Dictionnaire des halles, ou Extrait du
Dictionnaire de l'Académie françoise (par

Artaud). *Bruxelles, Foppens*, 1696, in-12,
v. f. fil. tr. dor. (*Simier.*)　　　18 fr.

Joli exemplaire rempli de témoins.

168. L'Apothéose du Dictionnaire de l'Académie et son expulsion de la région céleste
(par Richelet). *La Haye, Arnout Leers*,
1696, in-12, v. f. fil. tr. dor. (*Niedrée.*) 15 fr.

Avec une note de M. Aimé Martin.

169. Factum (premier et second) pour messire
Antoine Furetière, abbé de Chalivoy, contre
quelques-uns de l'Académie françoise. *Amsterdam, Desbordes*, 1686, 2 part. en 1 vol.
in-12, v. f. fil. (*Capé.*)　　　10 fr.

170. Plan et dessein du poëme allégorique et
tragico-burlesque, intitulé les Couches de
l'Académie, par Antoine Furetière. *Amsterdam, Brunel*, 1687, in-12, mar. vert, fil. coins
ornés, tr. dor. (*Bauzonnet-Trautz.*)　30 fr.

Exemplaire de Ch. Nodier.

171. Dictionnaire universel, contenant géné-
ralement tous les mots françois, tant vieux
que modernes, et les termes des sciences et
des arts, par Ant. de Furetière. *La Haye*,
*Arnoud et R. Leers*, 1701, 3 vol. in-fol., mar.
r. fil. tr. dor. (*Reliure ancienne.*)　　20 fr.

172. Dictionnaire universel françois et latin;
vulgairement appelé Dictionnaire de Trévoux. *Paris*, 1771, 8 vol. in-fol., v. f. 30 fr.

173. Dictionnaire national, ou Grand dictionnaire classique de la langue française, par
Bescherelle. *Paris, Simon*, 1845, 2 vol.
in-4, demi-rel. mar. n.　　　40 fr.

174. Dictionnaire comique, satyrique, criti-

que, burlesque, libre et proverbial, par
P.-L. Leroux. *Pampelune*, 1786, 2 vol. in-8,
v. f. fil. (*Thompson.*)  15 fr.

175. Nouvelles recherches sur les patois, ou
idiomes vulgaires de la France, et en particulier sur ceux du département de l'Isère,
par Champollion-Figeac. *Paris, Goujon,*
1809, in-12, demi-rel. v. f., non rog. (*Simier.*)  4 fr.

176. Dictionnaire rouchi-français, par Hécart.
*Valenciennes, Lemaître*, 1834, in-8, demi-
rel. v. br. (*Closs.*)  8 fr.

## II. POÉSIE.

### 1. *Poëtes grecs et latins.*

177. L'Iliade d'Homère, traduite en françois
par Mme Dacier. *Paris, Rigaud,* 1711,
3 vol. in-12, fig. de B. Picart. — L'Odyssée,
traduite par la même. *Amsterdam,* 1717,
3 vol. in-12, fig. : les 6 vol., mar. vert, fil.
tr. dor. (*Derome.*)  150 fr.

Charmant exemplaire.

178. Homère : l'Iliade et l'Odyssée, traduction
nouvelle par E. Bareste, illustrée par A. Titeux, Th. Devilly et A. de Lemud. *Paris,*
*Lavigne,* 1842-43, 2 vol. gr. in-8, fig. sur
bois, cart. (*Bauzonnet.*)  12 fr.

179. Erotopægnion, sive Priapeia veterum et
recentiorum. *Lutetiæ Parisiorum, Patris,*
1798, in-8, fig., dos et coins de mar. orange,
non rog., tête dorée.  10 fr.

180. L'Énéide de Virgile, traduction nouvelle

par de Pongerville, suivie des Bucoliques et des Géorgiques, traductions nouvelles par Ferdinand Collet. *Paris, Lefèvre, 1843,* in-12, v. f. fil. tr. dor., chiffre. (*Nie-drée.*)                                               8 fr.

181. Virgile virai en bourguignon. Choix des plus beaux livres de l'Énéide, suivis d'épiso-des tirés des autres livres, publié par Aman-ton. *Dijon*, 1831, in-18, v. f. fil. tr. dor. (*Simier.*)                                            10.fr.

182. Métamorphoses d'Ovide en rondeaux (par Benserade), imprimez et enrichis de figures par ordre de S. M. *Amsterdam, Wolfgang,* 1679, in-12, vél.                                    15 fr.
Belles épreuves.

183. LES MÉTAMORPHOSES D'OVIDE, en latin et en françois, de la traduction de l'abbé Banier. *Paris, Leclerc,* 1766-71, 4 vol. in-4, fig. d'après Eisen, Boucher, Moreau, etc., grav. par Lemire et Basan, mar. r. fil. tr. dor. (*Derome.*)                                         220 fr.
Superbe exemplaire, avec les figures avant la lettre, qui sont de toute rareté.

184. Métamorphoses d'Ovide, traduites en françois par l'abbé Banier, avec figures gra-vées par Coiny. *Paris, Didot,* 1787, 2 vol. in-18, v. f. fil. tr. dor.                              5 fr.

185. Phædri, Aug. liberti, fabularum Æsopica-rum libri IV. Notis illustravit David Hoogs-tratanus. *Amstelædami, F. Halma,* 1701, in-4, fig., v. ant.                                     10 fr.

186. Fables de Phèdre affranchi d'Auguste, traduites en français, avec le texte à côté. (Traduction de Port-Royal, retouchée par

Camus, prote. ) *Paris*, *Didot*, 1806 , 2 vol.
in-18 , pap. vél. , avec 110 figures avant la
lettre et eaux fortes, v. f. fil. tr. dor., chiffre.
(*Niedrée.*)                          25 fr.

187. Épigrammes de M. Val. Martial, traduction nouvelle et complète par E.-T. Simon ,
avec le texte latin en regard , des notes et les
meilleures imitations en vers françois. *Paris*,
*Guitel* , 1817, 3 vol. in-8, demi-rel., dos et
coins de mar. r. (*Closs.*)            18 fr.

188. Nebulo nebulonum , hoc est joco-seria
modernæ nequitiæ censura , qua scelerato-
rum fraudes , doli ac versutiæ æri , aërique
exponuntur publice ; carmine iambico di-
metro adornata a Joanne Flitnero. *Francofurti*, 1620, pet. in-8, mar. r. tr. dor. 15 fr.
Première édition de cet ouvrage, orné de figures singulières.

189. Παναπλία, omnium illiberalium, aut se-
dentariarum artium genera continens, car-
minibus expressa, cum venustissimis imagi-
nibus omnium artificium negotiationes ad vi-
vum repræsentantibus, per Hartmann Schop-
perum. *Francofurti ad Mœnum*, 1568, pet.
in-8, fig. sur bois, mar. bl. compart. doublé
de mar. r. riches compart. à petits fers, tr.
dor. (*Capé.*)                          80 fr.
Volume recherché pour les 120 jolies figures sur bois de Jost
Amman dont il est orné, et qui représentent les diverses pro-
fessions du monde.

190. Le même livre. Pet. in-8, mar. vert, fil. tr.
dor. (*Koehler.*)                      40 fr.
Plusieurs feuillets ont été remontés.

191. Histoire maccaronique de Merlin Coccaie,
prototype de Rabelais : avec l'horrible ba-

taille des mouches et des fourmis. *S. l.*, 1734,
2 vol. pet. in-12, mar. br. fil. tr. dor.
(*Koehler.*) 25 fr.

192. Antonius Arena provincialis de bragar-
dissima villa de Soleriis, ad suos compagnö-
nes studiantes qui sunt de persona friantes,
bassas dansas in gallanti stilo bisognatas.....
mandat. *Lyon, B. Rigaud*, 1587, pet. in-8,
demi-rel. bas. 5 fr.

## 2. *Poëtes français.*

### A. Trouvères et autres poëtes français du XII<sup>e</sup> au XV<sup>e</sup> siècle.

193. L'Art et science de rhétorique, pour faire
rimes et ballades. *Paris, Jehan Trepperel*,
*s. d.*, pet. in-4 goth. de 12 feuillets, mar.
viol. fil. tr. dor. (*Reliure anglaise.*) 45 fr.

Exemplaire de Ch. Nodier. Les deux derniers feuillets ont
quelques raccommodages.

194. Essais historiques sur les bardes, les jon-
gleurs et les trouvères normands et anglo-nor-
mands, par l'abbé de La Rue. *Caen, Mancel*,
1834, 3 vol. in-8, gr. pap. vél., demi-rel.
mar. r., non rog. 45 fr.

195. Les Poëtes françois, depuis le XII<sup>e</sup> siècle
jusqu'à Malherbe, avec une notice sur cha-
que poëte (par Auguis). *Paris, Crapelet*,
1824, 6 vol. in-8, gr. pap. vél., demi-rel.
mar. r., non rog. (*Purgold.*) 50 fr.

196. Fabliaux et contes des poëtes françois des
XI<sup>e</sup>, XII<sup>e</sup>, XIII<sup>e</sup>, XIV<sup>e</sup> et XV<sup>e</sup> siècles, tirés
des meilleurs auteurs, par Barbazan; édition
augmentée par Méon. *Paris*, 1808, 4 vol.

gr. in-8. — Nouveau recueil de fabliaux et
contes inédits des poëtes français des XIIe,
XIIIe, XIVe et XVe siècles, publié par Méon.
*Paris*, 1823, 2 vol. gr. in-8 : les 6 vol., demi-
rel., dos et coins de mar. r., non rog.
(*Purgold.*) 220 fr.
Bel exemplaire en grand papier de Hollande, avec les figures
avant la lettre et les eaux-fortes.

197. Nouveau recueil de contes, dits, fabliaux,
et autres pièces inédites des XIIIe, XIVe et
XVe siècles, mis au jour par Ach. Jubinal.
*Paris*, 1839, 2 vol. in-8, demi-rel. mar. br.,
non rog. 35 fr.
Un des vingt exemplaires en grand papier de Hollande.

198. Fabliaux ou contes, fables et romans du
XIIe et du XIIIe siècle, traduits ou extraits par
Legrand d'Aussy. *Paris, Renouard*, 1824,
5 vol. in-8, pap. vél., fig., v. f. fil. tr. dor.,
chiffre. (*Niedrée.*) 120 fr.
Bel exemplaire en grand papier vélin, avec les figures avant
la lettre.

199. Choix de fabliaux mis en vers (par Imbert). *Genève et Paris, Prault*, 1788, 2 tom.
en 1 vol. pet. in-12, pap. vél., v. f. tr. dor.
(*Thouvenin.*) 12 fr.

200. La Fleur des fabliaux. *Paris, Techener*,
s. d., in-18, pap. vél., fig., demi-rel. v. f.,
non rog. (*Simier.*) 5 fr.

201. Roman de la Violette, ou de Gérard de
Nevers, en vers du XIIIe siècle, par Gibert
de Montreuil; publié par Fr. Michel. *Paris,
Silvestre*, 1834, in-8, pap. vél., mar. r. fil.
tr. dor. (*Muller.*) 100 fr.
Un des vingt-cinq exemplaires dont les vignettes et les bor-

dures ont été peintes en or et en couleur, à l'imitation des
anciennes miniatures.

202. L'histoire du châtelain de Coucy et de la
dame de Fayel, publiée et mise en françois
par G.-A. Crapelet. *Paris, Crapelet*, 1829,
gr. in-8, fac-simile, demi-rel. mar. bl., non
rog., tr. sup. dor. (*Niedrée.*)        55 fr.
Un des sept exemplaires en grand papier jésus de Hollande,
avec la vignette du fac-simile coloriée.

203. Œuvres complètes de Rutebeuf, trouvère
du XIIIe siècle, recueillies par Achille Jubinal.
*Paris*, 1839, 2 vol. gr. in-8, demi-rel. mar.
vert, non rog., tr. sup. dor. (*Capé.*)     40 fr.
Un des vingt exemplaires en grand papier de Hollande.

204. Des XXIII manières de vilains (XIIIe siècle). *Paris, Silvestre*, 1833. — La Riote du
monde, le Roi d'Angleterre et le Jongleur
d'Égly. *Paris*, 1834, in-8, pap. de Holl., demi-
rel., dos et coins de mar. r., non rog.
(*Capé.*)                                    15 fr.

205. Un dit d'aventures, pièce burlesque et
satirique du XIIIe siècle, publiée par Trebu-
tien. *Paris*, 1835. — Le Dit de ménage, publié par le même. *Paris*, 1835, gr. in-8
goth., mar. citr., non rog. (*Duru.*)     15 fr.

206. Le Roman du Renart, publié, d'après les
manuscrits, par Méon. *Paris, Treuttel et
Wurtz*, 1826, 4 vol. in-8, fig., demi-rel. mar.
vert, non rog. — Le Roman du Renart, supplément publié par Chabaille. *Paris, Silvestre*, 1835, in-8, br.                      100 fr.
Exemplaire en grand papier de Hollande, avec les figures
avant la lettre et les eaux-fortes.

207. Le Roman de la Rose, par Guillaume de
Lorris et Jehan de Meung; nouvelle édition

revue sur les meilleurs manuscrits, par Méon.
*Paris, P. Didot,* 1814, 4 vol. in-8, fig., mar.
r. fil. tr. dor. (*Duru.*) 120 fr.
Bel exemplaire, en grand papier vélin.

208. Le Dodechodron de fortune, livre non
moins plaisant et récréatif que subtil et ingé-
nieux entre tous les jeux et passe-temps de
Fortune, composé par Jean de Meun. *Paris,*
*G. Robinot,* 1615, in-8, mar. bl. (*Duru.*) 30 fr.
Exemplaire non rogné.

209. LE ROMANT DES TROIS PELERINAIGES. Le
premier pelerinaige est de lhomme durant
quest en vie; le second, de lame separee du
corps; le tiers est de Nostre-Seigneur Jesus,
en forme de monotesseron....., fait et composé par Frere Guillaume de Guilleville,
moyne de Chaaliz, en lordre de Cisteaux....
. . . . . . . . . . . . . . . . . . . . . . . . . . .
Ont ensemble a commun profit
Fait imprimer elegamment
Maistre Barthole et Jehan Petit.
(*Paris, vers* 1500, *imprime par B. Rem-*
*boldt*), in-4 goth., mar. bl. tr. dor. (*Bau-*
*zonnet.*) 150 fr.
Très-bel exemplaire. C'est la seule édition qui renferme les
trois pelerinaiges. L'ouvrage a été composé de 1330 à 1358 ;
mais il a été revu, corrigé et augmenté par P. Virgin, moine
de Clervaux, qui en est l'éditeur.

210. Poésies morales et historiques d'Eustache
Deschamps, publiées pour la première fois
avec un précis historique et littéraire, par
G. Crapelet. *Paris, Crapelet,* 1832, gr. in-8,
demi-rel. mar. bl., non rog., tr. sup. dor.
(*Niedrée.*) 30 fr.
Un des sept exemplaires tirés sur grand papier jésus de
Hollande.

211. LES ŒVVRES DE FEV MAISTRE ALAIN CHAR-
TIER, nouuellement imprimées, reuues et
corrigées. *Paris, Galliot du Pré (imprimé
par P. Vidoue),* 1529, pet. in-8, lettres rondes, fig. sur bois, mar. r. fil. tr. dor. ( *Niedrée.*)                    200 fr.

Bel exemplaire.

212. Les Poésies du duc Charles d'Orléans,
accompagnées de notes, par A. Champollion-
Figeac. *Paris, Belin-Leprieur,* 1842 ; in-12
tiré in-8, pap. vél. fort, v. f. fil. tr. dor.,
chiffre. (*Niedrée.*)                 18 fr.

B. Poëtes français depuis Villon jusqu'à Ronsard.

213. Collection des poëtes françois, imprimée
par Coustelier. *Paris,* 1723-24, 10 vol.
in-12, mar. r. fil. à fr. tr. dor. (*Bauzonnet-
Trautz.*)                     300 fr.

Cette collection se compose de : La Farce de maistre
Pierre Patbelin, 1723. — Les Poésies de Martial de Paris, dit
d'Auvergne, 1724, 2 vol. — Les Œuvres de François Villon, 1723. — La Légende de Pierre Faifeu, 1723. — Poésies
de Guillaume Crétin, 1723. — Poésies de Guillaume Coquil-
lart, 1723. — Les Œuvres de Jean Marot, 1723. — Les Œuvres de Honorat de Beuil, seigneur de Racan, 1723, 2 vol.
Superbe exemplaire.

214. Blasons et poésies anciennes des XVe et
XVIe siècles, extraites de différents auteurs,
par D. M. (Méon). *Paris, Guillemot,* 1809,
in-8, mar. bl. fil. tr. dor. (*Duru.*)     30 fr.

Bel exemplaire avec les cartons. On a ajouté à la fin : Le
Blason des basquines et vertugalles. Lyon, B. Rigaud, 1563,
réimpression tirée à 50 exemplaires.

215.     Le Livre de Matheolus
       Qui nous montre sans varier

Les biens et aussi les vertus
Qui viegnent pour soi marier.

(Au recto du dernier feuillet) :

Pour lan que je fus mis en sens,
Retenez mil et cinq cens ;
Je vous pry otez en huit.

In-4 de 74 pages à 2 col., goth., fig. sur bois,
mar. bl. fil. tr. dor.                              80 fr.

Edition rare qui paraît avoir été imprimée pour Ant. Vérard.
L'exemplaire a quelques taches et raccommodages.

216. Discovrs et recveil de plusievrs coqs-a-
l'ane : épistres, superscriptions, épigrammes,
oraisons, échos, odes, huictains, depuis 1525
jusques à 1569 et 1577. In-4, mar. bl. tr. dor.,
chiffre. (*Duru.*)                              120 fr.

Manuscrit sur papier, contenant 101 feuillets ; d'une jolie
écriture cursive du XVI^e siècle.
C'est un recueil de pöésies qui, pour la plupart, ne paraissent pas avoir été imprimées. Plusieurs sont relatives à l'histoire du temps. Entre autres pièces satiriques qui s'y trouvent, on remarque : *Epistre de Pasquille de Rome au
Jeuneux de Paris;* — *les Crottes de Paris;* — *le Pasquil des
filles de la royne,* etc.

217. Les Secretz et loix de mariage, composez
par le secretaire des dames. S. *l. n. d.*, pet.
in-8 goth., mar. r. rich. compart. à la rose,
tr. dor. (*Bauzonnet-Trautz.*)                 175 fr.

Pièce très-rare. L'auteur est Jehan Divry. On trouve son
nom dans un acrostiche en dix vers placé à la fin de l'ouvrage. L'exemplaire, grand de marges, est très-beau, malgré
un raccommodage en haut du titre. Cet exemplaire, qui a appartenu à M. Aimé Martin (voir le n° 844 de son catalogue),
est parfaitement conforme à la description qu'en a donnée
M. Brunet.

218. La Complainte de trop tard Marie (par
P. Gringore). *Nouvellement imprime a*

*Chartres*, s. d., pet. in-8 goth., mar. r. fil.
tr. dor. (*Koehler.*)           120 fr.

Le nom de Gringore n'est pas sur le titre, mais il se trouve
dans un acrostiche de 8 vers qui termine le volume.
Très-joli exemplaire.

219. Opuscules du traverseur des voyes péril-
leuses (J. Bouchet), nouvellement par luy
reveus, amendez et corrigez.... Lepistre de
justice a linstruction et honneur des ministres dicelle.... Le Chappelet des princes....
Plusieurs chants royaux, balades et ron-
deaulx, etc. *Paris, veufve de feu Jehun Janot, s. d.*, in-4 goth., mar. vert, fil. tr. dor.
(*Bauzonnet-Trautz.*)           150 fr.

Superbe exemplaire rempli de *témoins*.

220. Sermon joyeulx d'un fiancé qui emprunte
ung pain sur la fournée, à rabattre sur le
temps advenir. *Paris*. — Monologue nouveau et fort joyeulx de la chambrière. *Lyon,
s. d.* — La brave médecine de maistre Grima-
che, qui guarit de tous maux et plusieurs
autres. — Le plaisant discours et advertisse-
ment aux nouvelles mariées. *Lyon*. — Sen-
suit le Sermon des Frappe-C.... nouveaux et
fort joyeux. *Paris*. — Le Banquet des cham-
brières faict aux estuves le jeudy gras. *Paris,
imprimerie de Pinard*, 6 pièces en 1 vol.,
pet. in-8, mar. vert, compart. tr. dor. (*Niedrée.*)           30 fr.

Réimpression à 60 exemplaires. Celui-ci est sur papier rose.

221. LES DEMANDES D'AMOURS. *S. l. n. d.*, pet.
in-8 de 8 feuillets, goth., mar. vert, fil. tr.
dor. (*Bauzonnet-Trautz.*)           100 fr.

Très-bel exemplaire.

222. Les Ventes d'amour. *Paris, Techener,
s. d.*, in-8 goth., mar. r. riches compart. fil.
tr. dor. (*Thompson.*) 50 fr.

Exemplaire de Ch. Nodier. C'est un des deux exemplaires
sur vélin de cette réimpression. Il est enrichi de vignettes,
encadrements et fleurons; habilement peints en or et en couleur par H. Jouy, à l'imitation des miniatures des anciens
manuscrits.

223. La Vie et trespassement de Caillette. *Paris,
Pinard,* 1831, in-8 de 5 feuillets, mar. ol. fil.
tr. dor. (*Exemplaire Audenet.*) 25 fr.

Un des deux exemplaires imprimés sur VÉLIN.

224. Les Bailleurs des ordures du monde ; nouvellement imprimé pour la première fois par
le commandement de nostre puissant éco-
nome. *Rouen, D. Ferrand, s. d.*, pet. in-8
de 8 feuillets, mar. vert, fil. tr. dor. (*Niedrée.*) 40 fr.

Pièce facétieuse fort rare.

225. LA GRANDE ET MERVEILLEUSE PRINSE que
les Bretons ont faicte sur mer depuis troys
sepmaines en ca..., avecques unes lettres mis-
sives (*sic*) envoyees a sa dame en se moquant
delle, et aussi la response de ladite dame.
*S. l. n. d.* (vers 1520), pet. in-8 de 4 feuillets, goth., mar. vert, riches compart. à petits
fers, tr. dor. (*Bauzonnet-Trautz.*) 120 fr.

Pièce rarissime, en vers et en prose.

226. Le Cornement des cornars, pour recreer
les esperitz encornifistibulez. In-8 goth., mar.
citr. dent. tr. dor. (*Bauzonnet.*) 25 fr.

Pièce lithographiée, et décorée de jolies vignettes et de
bordures. Tirée à 20 exemplaires.

227. L'Advocat des dames de Paris, touchant

les pardons sainct Trottet. *Paris.* — Le Doctrinal des nouveaulx mariez. — Le Doctrinal
des nouvelles mariees. — Le Testament duug
amoureux qui mourut par amour. *Paris,*
pet. in-8, pap. de Holl., v. f. fil. tr. dor.
(*Koehler.*)                                        15 fr.

Ces quatre pièces anciennes ont été réimprimées à Chartres
en 1839 par les soins de M. G. Duplessis, et tirées à 50 exemplaires seulement.

228. Sermon nouveau et fort joyeux, auquel
est contenu tous les maux que l'homme a
en marjage. *Paris, Crapelet,* 1830, in-8,
demi-rel. v. bl.                                    5 fr.

229. CONTROVERSES DES SEXES MASCULIN ET FÉ-
MININ (par Gratien du Pont, seigneur de Dru-
zac.) S. *l.*, 1537, in-16, mar. bl. fil. tr. dor.
(*Bauzonnet-Trautz.*)                               120 fr.

Charmant exemplaire.

230. Les OEuvres de Clément Marot. *La Haye,
Adr. Moetjens,* 1700, 2 vol. pet. in-12, mar.
vert, fil. tr. dor. (*Bauzonnet-Trautz.*)   80 fr.

Très-joli exemplaire.

231. OEuvres de Clément Marot, avec les ouvrages de J. Marot, son père; ceux de Michel
Marot, son fils, etc., accompagnées d'observations critiques (par Langlet Du Fresnoy).
*La Haye, P. Gosse,* 1731, 6 vol. in-12,
v. f.                                               15 fr.

232. RECUEIL DE PIÈCES relatives au débat de
Marot et de Sagon. 17 part. en 1 vol. in-8,
mar. vert, tr. dor. (*Koehler.*)            400 fr.

Savoir : Le coup d'essai de Fr. de Sagon, contenant la réponse à deux epistres de Cl. Marot, retiré à Ferrare. *Paris,*
à l'enseigne du Pot cassé (1537). — Deffense de Sagon contre

Cl. Marot. (Elégie par Fr. de Sagon. Pour les disciples de Marot ; le page de Sagon parle à eux). *Au mont Sainct-Hilaire*, s. d. — Le Valet de Marot contre Sagon. *Paris, J. Morin*, 1537. — Le Rabais du caquet de Fripelipes et de Marot, dict rat pelé, faict par Math. de Boutigny, page de Fr. Sagon. S. l. n. d. — La Grande généalogie de Frippelipes, composée par ung jeune poëte champestre, à Fr. Sagon. *Au mont Sainct-Hylaire, au Phénix*, s. d. — Les Disciples et amys de Marot contre Sagon, La Hueterie et leurs adhérents. *Paris, à l'enseigne du Phœnix*, s. d. — Epistre à Marot, à Sagon et à La Huterie (sic). *Au mont Sainct-Hylaire*, s. d. — Remonstrance à Sagon, à La Huterie et au poëte campestre, par Daluie Locet, Pamanchoys. *Au mont Sainct-Hylaire*, s. d. — La Prognostication des prognostications, non-seulement de cette présente année 1537, mais aussi des aultres à venir, composée par maître Sarcomoros (Bonav. Des Periers) *Paris, J. Morin*, 1537. — Apologie faicte par le grand abbé des conards sur les invectives Sagon, Marot, La Huterie, etc. *Devant le collége de Reims*, s. d. — Responce à l'abbé des conards. *Paris, J. Morin*, 1537. — Contre Sagon et les siens, par ung amy de Cl. Marot. *Devant le collége de Reims*, s. d. — Epistre responsive au rabais de Sagon. *Paris, au mont Sainct-Hilaire*, s. d. — De Marot et Sagon les trèves, donnez jusqua la fleur des febvés, par l'autorité de l'abbé des conardz, le secretaire des conardz. *S. l.* — Epistre à Marot, par Fr. de Sagon. *Au Palais, par G. Corrozet et J. André*. 1537. — Le Frotte groing du Sagouyng. *Paris, a l'enseigne des Trois Brochets*, 1537. — Replicque par les amis de l'aucteur de la rémonstrance faicte à Sagon, etc. S. l. n. d.

Ces pièces sont, comme on peut bien le croire, d'une excessive rareté en éditions originales, et le recueil qui se trouve ici est peut-être le seul que l'on connaisse aussi complet.

Ce beau volume, dont les diverses parties sont parfaitement conservées, provient de la bibliothèque de Ch. Nodier.

233. La Parfaite amye, nouvellement composée par Antoine Heroet, dict la Maison-Neuve ; avec plusieurs aultres compositions dudict autheur. *Lyon, Estienne Dolet*, 1543, in-8, mar. r. compart. tr. dor. (*Thouvenin*.) 70 fr.

Exemplaire de Ch. Nodier, grand de marges et bien conservé. Belle rel) ure de Thouvenin.

234. Le Second enfer (et autres œuvres) d'Estienne Dolet. *Lyon*, 1544 ; *Paris, Techener*, s. d., 2 tom. en 1 vol. in-12, pap. vél., v. f. fil. tr. dor., chiffre. (*Niedrée*.) 20 fr.

235. La Récréation, devis et mignardise amoureuse, contenant plusieurs blasons, menues
pensées, verger, ventes et demandes de l'a-
mant à l'amye, et autres propos amoureux.
*Paris, pour la veuve J. Bonfons, s. d.*, in-16,
mar. vert, fil. tr. dor. (*Bauzonnet.*)    100 fr.

Recueil de pièces en prose et en vers, devenu fort rare.
La dernière pièce intitulée : *Demandes joyeuses d'un amant
à sa dame, en manière de reproche ou vilenie*, figurerait très-
bien dans le *Cabinet satyrique.*

236. La Fontaine d'Amour, contenant élégies,
épistres et épigrammes (par Ch. Fontaine)..
*Paris, de l'imprimerie de Jeanne de Mar-
nef*, 1547, in-16, mar. bl. fil. tr. dor. (*Bauzonnet-Trautz.*)                    120 fr.

Edition rare et charmant exemplaire.

237. Odes, énigmes et épigrammes, par Charles Fontaine. *Lyon, J. Citoys*, 1557, pet.
in-8, mar. r. tr. dor. (*Duru.*)        50 fr.

238. Le Jardin d'honneur, contenant plusieurs
apologies, proverbes et ditz moraux, avecq
les histoires et figures; aussi y sont ajoutez
plusieurs ballades, rondeaux, dixains, hui-
tains et trioletz fort joyeux. *Paris, Estienne
Groulleau*, 1548, in-16, fig. sur bois, mar.
bl. dent. tr. dor. (*Bauzonnet-Trautz.*) 400 fr.

Petit volume des plus rares. Il est orné de 70 charmantes
figures sur bois.

239. La Grande et vraye pronostication générale pour quatre cens quatre-vingt-dix-neuf
ans, calculée sur la ville de Paris et autres
lieux de mesme longitude. *On les vend en
la rue de Coyppeaulx lès Paris, aux Trois
Treillis de fer, par Nicolas Barbou, 1542.*

pet. in-8 de 8 feuillets, goth., mar. r. fil. tr.
dor. (*Niedrée.*) 50 fr.

240. Poésies de Pernette du Guillet, Lyonnaise.
*Lyon, Perrin,* 1830, in-8, cart. en toile,
non rog. 12 fr.

Tiré à 100 exemplaires.

241. OEuvres de Louise Labé, Lyonnaise. *Lyon,
Savy, imprimerie de L. Boitel,* 1845,
in-12, mar. bl. fil. tr. dor. (*Bauzonnet-
Trautz.*) 30 fr.

Jolie édit'on tirée à 200 exemplaires. Celui-ci est sur papier fin.

242. MARGUERITES DE LA MARGUERITE DES PRIN-
CESSES, très-illustre royne de Navarre. *Lyon,
Jean de Tournes,* 1547, 2 tom. en 1 vol. in-8,
fig. sur bois, mar. r. fil. doublé de mar.
r. larges dent. tr. dor. (*Trautz-Bauzonnet.*) 600 fr.

Superbe exemplaire, tant pour sa conservation et la gran-
deur de ses marges, que pour la richesse et l'élégance de sa
reliure. Il provient de la bibliothèque du comte Camerata.

243. LES MARGUERITES DE LA MARGUERITE DES
PRINCESSES, très-illustre royne de Navarre.
*Paris, Benoist Prévost,* 1554, in-16, mar.
bl. compart. fil. tr. dor., doublé de mar.
r. riches dent. (*Bauzonnet-Trautz.*) 200 fr.

Tres-bel exemplaire.

244. LE MIROIR DE TRES CHRESTIENNE MARGUE-
RITE DE FRANCE, royne de Navarre..., auquel
elle voit son néant et son tout. *On les vend
à Lyon, chez (Pierre de Ste-Lucie) dict le
Prince, près Nostre-Dame de Confort,*
1538, pet. in-8, mar. r. fil. tr. dor.
(*Bruyère.*) 130 fr.

Édition rare de ce poëme qui fait partie des *Marguerites.*

Le volume est terminé par un petit traité intitulé : *Briefve
doctrine pour deuement escripre selon la propriété du language francoys.* Le volume est grand de marges et rempli
de témoins.

**245.** OEuvres poétiques de Mellin de St-Gelais.
*Lyon, A. de Harsy,* 1574, in-8, mar. bl. fil.
tr. dor. (*Bauzonnet.*)          75 fr.

Très-bel exemplaire.

C. Poëtes français depuis Ronsard jusqu'à Malherbe.

**246.** Les OEuvres de P. de Ronsard, prince des
poëtes françois. *Paris, Mathurin Henault et
Sam. Thiboust,* 1629-30, 11 tom. en 5 vol.
pet. in-12, mar. r. tr. dor. (*Duru.*)   100 fr.

**247.** LES AMOURS DE P. DE RONSARD : ensemble
le cinquiesme (livre) de ses Odes. *Paris,
veufve Maurice de la Porte,* 1552, pet. in-8
de 239 pages et 32 ff., mar. citr. fil. tr. dor.
(*Trautz-Bauzonnet.*)          150 fr.

Première édition et bel exemplaire. Ce qui rend surtout ce
volume précieux, c'est l'addition d'une partie de 32 ff. qui
contient la musique notée des pièces du recueil. On voit dans
l'avertissement de l'éditeur (Ambroise de la Porte), placé en
tête, que Ronsard *daignait prendre la peine de mesurer ses vers
sur la lyre.* Cela ne veut pas dire que la musique, jointe au
présent volume, soit de Ronsard, comme une note de Ch. Nodier (page 168 du catalogue de sa bibliothèque) pourrait le
faire supposer ; car le nom des compositeurs est indiqué à chaque pièce. Ce sont P. Certon, C. Goudimel, Jannequin, etc.

A la suite du cinquième livre des odes, se trouve la pièce
intitulée : *Les Bacchanales, ou le Folatrissime voyage d'Her-
cueil... fait l'an 1549.*

**248.** Le Bocage de P. de Ronsard. *Paris,
veuve Maurice de la Porte,* 1554, in-8,
portr., mar. vert, fil. tr. dor. (*Niedrée.*) 40 fr.

Édition originale.

**249.** Élégies, mascarades et bergeries, par
P. de Ronsard. *Paris, Gab. Buon,* 1565,

in-4, mar. r. fil. tr. dor. (*Bauzonnet-
*Trautz.*) . . . . . . . . . . . . . 50 fr.
Edition originale.

250. LIVRET DE FOLASTRIES à Janot, Parisien;
plus, quelques Épigrammes grecs et des di-
thyrambes chantés au Bouc de E. Jodelle,
poëte tragique; reveu et augmenté en ceste
édition. S. *l.*, 1584, in-12, mar. bl. riches
compart. fil. doublé de mar. citr. riches
dent. tr. dor. (*Niedrée.*) . . . . . 300 fr.

Le *Livret de Folastries* est une édition originale de quelques poésies de Ronsard. On retrouve ces pièces et quelques-
unes même plus développées dans le tome VIII in-12 de ses
œuvres, moins toutefois la troisième folastrie, qui est la plus
piquante. Il suffit de la lire pour deviner la raison qui empê-
cha de la comprendre dans les œuvres de celui qu'on appelait
le prince des poëtes. La pièce la plus curieuse de ce volume
est le dithyrambe chanté au bouc de Jodelle. Quoiqu'il ait
été recueilli dans les œuvres de Ronsard, il n'est pas de lui,
mais de Bertrand Berger (voir la Vie de Ronsard, par Cl. Bi-
net). *Note extraite du catalogue de la bibliothèque de M. A.
Martin*, 1847.
Outre les *Folastries* et le Dithyrambe, ce volume renferme
la traduction de *quelques épigrammes grecs* (17) et deux sonnets
très-libres. Sur les dix-sept épigrammes, quatorze se trouvent
dans le tome VIII des OEuvres de Ronsard; mais on n'y
trouve pas les deux sonnets.
La première édition de ce recueil (*Paris*, 1558) est d'une
excessive rareté, celle-ci est peut-être encore plus rare. Elle
est augmentée de deux pièces : l'une est l'ode, imitée d'Anacréon : *Les muses lièrent un jour*, etc.; l'autre, un sonnet
qui commence ainsi : *Des beautez, des attraits, et des discours féconds*, etc.

251. Les OEuvres françoises de Joachim du
Bellay, reveues et de nouveau augmentées.
*Lyon, A. de Harsy*, 1575, in-8, mar. r. fil
riches compart. tr. dor. (*Riche reliure de
Niedrée.*) . . . . . . . . . . . . 175 fr.

Bel exemplaire de M. Aimé Martin. Cette édition reproduit
page pour page l'édition de *Paris, Féd. Morel*, 1574.

252. Quatre livres de l'Amour de Francine,
par Jan Antoine de Baïf. *Paris, Wechel*

(1555). — Les Amours de Jan-Antoine de Baïf. *Paris, veuve de Maurice de la Porte*, 1552. — Le Ravissement d'Europe, par le même. *Paris, veuve Maurice de la Porte*, 1552, in-8, mar. r. compart. tr. dor. (*Thouvenin.*) 50 fr.

Éditions originales des premiers ouvrages de Baïf. Le volume des *Amours* de 1552 renferme en deux livres les Amours de Méline.

Bel exemplaire de Ch. Nodier.

253. Les OEuvres de Maclou de La Haye, Picard, valet de chambre du roi. *Paris, E. Groulleau*, 1553, pet. in-8, mar. bl. fil. tr. dor. (*Niedrée.*) 40 fr.

Volume rare.

254. OEuvres poétiques de Jaques Peletier du Mans, intitulez louanges, avec quelques autres ecriz du même auteur. *Paris, Rob. Coulombel*, 1581, in-4, mar. r. fil. tr. dor. (*Niedrée.*) 50 fr.

255. Les Premières œuvres de Philippes Desportes. *Paris, Mamert Patisson*, 1600, in-8, mar. r. fil. tr. dor. (*Padeloup.*) 120 fr.

On lit en tête de cet exemplaire, tout chargé de notes manuscrites : « Copié des notes de Malherbe, écrites de la main de Saint-Marc, et dont il s'est servi pour le *Discours sur les services que Malherbe a rendus à la langue*, dans la belle édition de ce poëte, *Paris*, 1757, in-8. L'original de Malherbe est dans la Bibliothèque du roi. » CH. NODIER.

Cet exemplaire, après avoir fait partie de la bibliothèque de Ch. Nodier, a figuré successivement dans celles de Pixérécourt et de M. Aimé Martin.

256. Les Premières œuvres poétiques de Marie de Romieu, Vivaroise. *Paris, Lucas Breyer*, 1581, pet. in-12, mar. r. fil. tr. dor. (*Niedrée.*) 25 fr.

257. OEuvres de Scévole de Sainte-Marthe. *Pa-*

ris, *Mamert Patisson*, 1579, in-4, mar. bl.
fil. tr. dor. (*Niedrée.*) . . . . . . . 45 fr.

258. Erotopegnie, ou Passe-temps d'amour;
ensemble une comédie du Muet insensé, par
P. Leloyer. *Paris, Ab. l'Angelier*, 1576, in-8,
mar. r. tr. dor. (*Bauzonnet-Trautz.*) 45 fr.
Très-bel exemplaire.

259. Le Plaisir des champs, divisé en quatre
parties, selon les quatre saisons de l'année,
par Cl. Gauchet. *Paris, N. Chesneau*, 1583,
in-4, v. br. . . . . . . . . . . . . . 20 fr.

260. Les Quatrains du seigneur de Pybrac,
avec les Plaisirs de la vie rustique. *Paris,
Lucas Breyer*, 1581, pet. in-12, mar. r. fil.
à fr. tr. dor., chiffre. (*Duru.*) . . 20 fr.

261. La Génération de l'homme et le Temple de
l'âme, avec autres œuvres poétiques extrait-
tes de l'Esculape de René Bretonnayau. *Paris, Ab. l'Angelier*, 1583, in-4, v. jaspé,
fil. . . . . . . . . . . . . . . . . . 15 fr.

262. La Deffense et louange du pou, ensemble
celle du ciron, contre ceux qui l'ont en
haine et le blasment ordinairement a tord et
sans cause, par le seigneur des Accordz. *Len-
gres, Jehan des Preys*, 1597, très-pet. in-8
de 36 pages, mar. bl. fil. tr. dor. (*Bauzonnet-Trautz.*) . . . . . . . . . . . . . 50 fr.
Petit poëme fort rare, composé par Est. Tabourot, à propos d'un pou qu'il avait trouvé sur la gorge d'une demoi-
selle nommée mademoiselle de Pouilly.

263. L'Enfer de la mère Cardine, traitant de la
cruelle et terrible bataille qui fut aux enfers, entre les diables et les maquerelles de

Paris.... S. l., 1597, gr. in-8, pap. vél., demi-
rel. mar. bl., non rog.                12 fr.
Réimpression.

264. Le Premier livre des Hymnes de messire
Anne d'Urfé. *Lyon, P. Rigaud*, 1608, in-4,
mar. vert, tr. dor. (*Niedrée.*)        45 fr.

265. OEuvres de Mathurin Regnier, avec les
commentaires revus, corrigés et augmentés,
précédés de l'histoire de la satire en France,
par Viollet le Duc. *Paris, Desoër*, 1822, in-18,
mar. r. doublé de mar. r. dent. int. tr. dor.
(*Duru.*)                               30 fr.
Joli exemplaire de cette édition estimée.

*b*. Poëtes français depuis Malherbe jusqu'à nos jours.

*a. Poésies de divers genres.*

267. Poésies de Malherbe, avec la vie de l'auteur et de courtes notes par A. G. M. Q.
(Quërlon). *Paris, Barbou*, 1776, in-8, portr.,
mar. r. tr. dor. (*Duru.*)              20 fr.

268. La Guirlande de Julie, offerte à Mlle de
Rambouilllet, Julie-Lucine d'Angenes, par
M. le marquis de Montausier. *Paris, imprimerie de Monsieur*, 1784, in-8, pap. vél.,
mar. r. fil., non rog. (*Reliure ancienne.*) 15 fr.

269. Nouveau recueil de divers rondeaux. *Paris, A. Courbé*, 1650, 2 tom. en 1 vol. pet.
in-12, v. f. fil. (*Koehler.*)          12 fr.

270. Les Rimes redoublées de M. Dassoucy. *Paris, Cl. Nego*, 1671, pet. in-12, mar. r. tr.
dor. (*Duru.*)                          25 fr.

271. Poésies diverses du sieur Furetière; 2e édi-

tion augmentée. *Paris, Thomas Joly, 1664,*
in-12, mar. r. fil. à fr. tr. dor. (*Duru.*) 25 fr.

On a relié à la suite : *Recueil de plusieurs vers, épigrammes et autres pièces qui ont été faites entre M. l'abbé Furetière et messieurs de l'Académie françoise. Amsterdam, H. Des Bordes. 1687.*

272. ŒUVRES DIVERSES DU SIEUR D*** (BOI-
LEAU DESPRÉAUX), avec le traité du sublime
et du merveilleux dans le discours, traduit
du grec de Longin. *Paris, D. Thierry, 1685,*
in-12, mar. vert, fil. doublé de mar. r. dent.
tr. dor. (*Niedrée.*) 150 fr.

Précieux exemplaire. On lit sur la garde du volume ces mots écrits de la main de Boileau : *Pour M. Boileau, payeur des rentes, par son très-humble et très-obéissant serviteur,* DESPRÉAUX.

273. ŒUVRES DE BOILEAU DESPRÉAUX, avec des
éclaircissements donnés par lui-même et rédigés par Brossette, et des remarques par de
Saint-Marc. *Paris, David, 1747, 5 vol. in-8,*
portr. et fig., mar. r. fil. tr. dor. (*Anguer-
ran.*) 450 fr.

Bel exemplaire sur papier fin de Hollande. Il a appartenu à Gros de Boze et, en dernier lieu, à M. J.-J. de Bure.

274. ŒuvreS de Boileau Despréaux, avec les
commentaires revus, corrigés et augmentés
(par M. Viollet le Duc). *Paris, Desoër, 1821,*
4 vol. in-18, pap. vél., mar. bl. tr. dor.
(*Duru.*) 36 fr.

275. Œuvres complètes de Boileau Despréaux,
avec des notes par A. Martin. *Paris, Bou-
quin de la Souche, 1826, in-18, pap. vél.,*
demi-rel. mar. r., non rog. (*Thouvenin.*) 5 fr.

276. Poésies de Bonecorse. *Leide, Haak, 1720,*
in-8, mar. r. fil. tr. dor. (*Purgold.*) 15 fr.

Exemplaire Andénei.

277. OEuvres poétiques de J.-B. Rousseau,
avec un commentaire par Amar. *Paris, Lefèvre,* 1824, 2 vol. in-8, pap. vél., br. 8 fr.

278. OEuvres de Chaulieu. *Paris, Bleuet,* 1774,
2 vol. in-8, pap. de Holl., portr., v. f. fil. tr.
dor. (*Bozérian.*) 15 fr.

279. OEuvres complètes de Grécourt. *Paris,
Chaignieau,* 1796, 4 vol. in-8, pap. vél.,
fig. avant la lettre, v. f. fil. tr. dor. (*Niedrée.*) 40 fr.

280. OEuvres diverses de Desmahis. *Genève,*
1763, in-12, mar. r. fil. tr. dor. (*Aux armes
de la duchesse de Grammont.*) 10 fr.

281. OEuvres complètes de Bertin. *Paris,* 1806,
2 vol. in-18, pap. vél., portr., mar. bl. fil.
tr. dor. (*Bozérian.*) 12 fr.

282. Choix de poésies légères, contenant : les
Quatre heures de la toilette des dames,
poëme ; Parapilla, poëme ; les Quatre saisons, par M. Bernard ; les Éléments, poëme
galant, et un recueil de pièces fugitives.
*Nyon, Natthey,* 1783, in-12, demi-rel. v.
r., non rog. 3 fr.

283. Recueil de pièces de poésies détachées, à
l'usage de quelques amis habitant la campagne. *Imprimé par madame Montmorency
Albert Luynes, Dampierre, an VIII-an X*
(1800-2), 2 part. en 1 vol., pet. in-4, mar.
bl. fil. tr. dor. (*Niedrée.*) 40 fr.

Ce recueil, comme l'indique le titre, n'a été tiré que pour
les amis de l'éditeur. Il se compose surtout de poésies d'auteurs contemporains, qui étaient alors inédites, et dont une
partie l'est encore.

On trouve dans le tome II la *Chanteloupée, ou la Guerre des
puces,* contre madame la duchesse de *Choiseul,* poëme en trois
chants, par l'abbé Barthélemy.

284. OEuvres de Millevoye, précédées d'une
notice par de Pongerville. *Paris, Furne,*
1835, 2 vol. in-18, v. rac.        4 fr.

285. Hégésippe Moreau : le Myosotis. *Paris,*
*Masgana,* 1840, in-12, v. f. fil. tr. dor.,
chiffre. (*Niedrée.*)      10 fr.

286. Chroniques de France, par Mme Amable
Tastu. *Paris, Delangle,* 1829, in-8, v. f.
fil.; non rog. (*Bauzonnet.*)   8 fr.

287. Pierre Gringoire, vers publiés par Paul
Delasalle. *Paris, Charpentier,* 1836, in-18,
demi-rel. v. f.      3 fr.

b. Poëtes sacrés, héroïques, didactiques.

288. Le Grand tombeau du monde, ou Jugement final, desparti en six livres, par
M. Jude Serclier, chanoine de Sainct-Ruf
(de Valence), avec les commentaires du même
autheur. *Lyon, J. Pillehotte,* 1606, in-8,
mar. vert, tr. dor. (*Niedrée*)  40 fr.

Poëme des plus bizarres. La dédicace est surtout curieuse.
L'auteur l'adresse à très-haute, très-puissante et très-noble
dame, la sacrée vierge Marie....royne des anges, emperière du
ciel, trésorière de grâce, etc., et il la termine ainsi : *De Vostre*
*Majesté, le vil et abject vermisseau,*   J. SERCLIER.

289. La Pucelle, ou la France délivrée, poëme
héroïque, par Chapelain. *Suivant la copie*
*imprimée à Paris (Holl., Elsev.),* 1656, pet.
in-12, mar. r. fil. tr. dor. (*Duru.*)  50 fr.

Joli exemplaire.

290. Alaric, ou Rome vaincue, par M. de
Scudéry. *Imprimé à Bruxelles (chez Fr.*
*Foppens), et se vend à Paris chez A. Courbé,*

1656, in-12, fig., mar. r. fil. tr. dor. (*Niedrée.*)                                        35 fr.

291. Saint Louys, ou la Sainte Couronne recon-
quise, poëme héroïque, par le P. Pierre Le
Moyne. *Paris*, 1658, in-12, fig., mar. vert,
fil. tr. dor. (*Duru.*)                        30 fr.

292. La Magdelaine au désert de la Sainte-
Baume en Provence, par le P. Pierre de
S. Louys. *Lyon, J. Grégoire*, 1668, in-12,
fig., mar. bl. fil. tr. dor. ( *Reliure an-
cienne.*)                                      25 fr.
Exemplaire de Ch. Nodier.

293. L'Art de fumer, ou la pipe ou le ci-
gare, poëme en trois chants, suivis de notes,
par Barthélemy. *Paris, Lallemand–Lé-
pine*, 1845, in-18, fig. sur bois de H. Emy,
demi-rel., dos et coins de v. f., non rog. 3 fr.

294. La Reliure, poëme didactique en six
chants, par Lesné; seconde édition. *Paris,
Renouard*, 1827, in-8, pap. vél., mar. viol.
compart. tr. dor. (*Héring.*)                  20 fr.
Cette édition a été tirée à 125 exemplaires, tous sur grand
raisin vélin.

c. *Fables et contes.*

295. Fables de La Fontaine; édition miniature.
*Paris, Fonderie Laurent et Deberny*, 1850,
pet. in-64, mar. r. compart. tr. dor., double
de soie verte.                                 30 fr.

296. Fables de la Fontaine, illustrées par
J.-J. Grandville. *Paris, H. Fournier*, 1852,
2 vol. in-8, br.                               12 fr.

297. TIRCIS ET AMARANTE pour Mlle de Sillery
(par La Fontaine). In-4 de 2 feuillets. 150 fr.
Pièce AUTOGRAPHE et signée, datée ce 11 décembre 1674.

298. Contes et nouvelles en vers de La Fontaine. *Amsterdam*, 1745, 2 vol. in-8, fig.,
mar. r. fil. tr. dor. (*Reliure ancienne.*) 15 fr.

299. Contes et Nouvelles en vers, par Jean de
La Fontaine. *Paris, Didot,* 1795, 4 vol.
in-12, pap. vél., fig. de Coiny et autres, v.
f. fil. tr. dor.                           15 fr.

300. Les Agréables divertissements, contenant
divers contes et fables choisies de Boccace,
Douville et autres, en prose et en vers, par
le sieur D. F. C. (Du Four de la Crespelière),
D. M. *Paris, Jean-Baptiste Loison,* 1669,
pet. in-12, mar. citr. tr. dor. (*Duru.*) 36 fr.
Volume rare.

301. CONTE DU FLEUVE SCAMANDRE. — LE RE-
MÈDE ( par La Fontaine ). In-4 de 6 feuil-
lets.                                      200 fr.
Pièces AUTOGRAPHES.

302. Le Singe de La Fontaine, ou Contes et
Nouvelles en vers, suivies de quelques poésies ( par de Théis ). *Florence*, 1773, 2 tom.
en 1 vol. in-12, v. f. fil. tr. dor. (*Duru.*) 15 fr.

303. Contes nouveaux en vers et poésies fugitives, par M. de Piis. *Saintes*, 1781, 2 tom.
en 1 vol. in-18, tiré in-8, mar. vert, dent.
fil. tr. dor. (*Dérome.*)                   20 fr.

304. Contes théologiques. *Paris, Imprimerie
de la Sorbonne,* 1783, in-8, mar. r. fil.,
non rog.                                    8 fr.

305. Le Petit-neveu de Boccace, ou Contes
nouveaux en vers, par M. Pl. D. (Plancher
(de Valcour ). *Amsterdam*, 1787, 3 tom.

en 1 vol., in-8, cuir de Russie, fil., non
rog. . . . . . . . . . . . . . 15 fr.

Imprimé sur papier rose.

306. Contes pour ceux qui peuvent encore rire,
avec le portr. de l'auteur (vu par derrière).
*Plaisance*, 1789, in-18, bas. . . . 5 fr.

307. Contes et poésies du C. Collier, com-
mandant général des croisades du Bas-Rhin.
*Saverne*, 1792, 2 tom. en 1 vol. in-18, fig.,
v. f. fil. tr. dor. (*Petit.*) . . . . 18 fr.

308. Contes en vers et quelques pièces fugitives (par l'abbé Bretin). *Paris, Gueffier*,
*an VII*, pet. in-8, fig., bas. . . . . 3 fr.

309. OEuvres posthumes et facéties de Mira-
beau le jeune. *Paris, Vincent*, 1798, in-18,
fig., v. f. fil. tr. dor., chiffre. (*Niedrée.*) . . . . . . . . . . . 10 fr.

310. Poésies de Vasselier : Contes. *Londres*,
1800, in-12, demi-rel. v. f., non rog.
(*Capé.*) . . . . . . . . . 6 fr.

311. Contes et historiettes érotiques, philo-
sophiques, berniesques et moraux, en vers,
par Adrien L. R. (Le Roux). *Paris*, 1801,
in-18, fig., v. f. fil. tr. dor., chiffre. (*Niedrée.*) . . . . . . . . . . 10 fr.

d. *Satires.*

312. Satyres chrestiennes de la cuisine papale
(par Viret). *Imprimé par Conrad Badius*
(*Genève*), 1560, in-8, mar. r. fil. tr. dor.
(*Reliure ancienne.*) . . . . 60 fr.

Bel exemplaire de Ch. Nodier.

313. L'Espadon satyrique, par le sieur D'Es-
ternod. *Cologne, Jean D'Escrimerie (Holl.)*,

1680, pet. in-12, avec la figure du satyre ,
mar. bl. fil. tr. dor. (*Thouvenin.*)     80 fr.

Joli exemplaire d'une édition rare. 111 millim. (4 p. 10 lig.)

314. La Rencontre des cocus (en vers). S. *l.*,
1609, pet. in-8 de 10 pages , mar. bl. fil. tr.
dor. (*Duru.*)     40 fr.

315. Gazette sur la culbute des coyons (en
vers). *A Montalban*, 1617, in-8, mar. v. fil.
tr. dor. (*Duru.*)     25 fr.

Satire contre les partisans du maréchal d'Ancre.

316. L'Éventail satyrique. S. *l.*, 1625, in-8 ,
mar. r. fil. tr. dor.(*Bauzonnet-Trautz.*) 30 fr.

317. Satyre Ménippée contre les femmes , sur
les poignantes traverses et incommoditez du
mariage, par Thomas Sonnet. *Lyon, V. Cœur-
silly*, 1623, in-8, portr., mar. vert , fil. tr.
dor.     40 fr.

Exemplaire de Ch. Nodier.
« Cet exemplaire est le seul où j'aie vu le double frontispice
et le carton de la fin. »     CH. NODIER.

318. Le Tableau de la vie et du gouvernement
de Messieurs les cardinaux Richelieu et Mazarin et de M. Colbert, avec un recueil d'épigrammes sur la vie et la mort de M. Fouquet. *Cologne, P. Marteau*, 1693, pet. in-8,
mar. bl. dent. tr. dor., doublé de tabis rose.
(*Lefebvre.*)     30 fr.

Bonne édition de ce recueil curieux.

319. Philippiques par Lagrange-Chancel. In 4,
v. f.     10 fr.

Manuscrit du XVIIIᵉ siècle.

320. Prédictions générales et particulières pour
l'année 1741 et autres (satire en vers). *Pa-*

ris, chez Tel, 1741, pet. in-12, mar. vert,
fil. tr. dor. (Capé.) 15 fr.

321. Pie VI et Louis XVIII, conférence théo-
logique et politique, par M.-J. Chénier. Paris, Laran, an VI. — Le Docteur Pancrace,
satire par Marie-Joseph Chénier. Paris, Laran, an V. — La Retraite, par le même.
Paris, Dabin, 1809, in-18, demi-rel. mar.
bl. 3 fr.

322. Satires et poëmes, par Auguste Barbier.
Paris, 1837, in-8, demi-rel. v. f. 4 fr.

### c. Poésies gaillardes, burlesques et facétieuses.

323. Le premier (le 2e et le 3e) livre de la
Muse folastre, recherchée des plus beaux esprits de ce temps. Rouen, Claude Le Vil-
lain, 1615, 3 part. en 1 vol. in-32, mar. r.
tr. dor. (Reliure ancienne.) 40 fr.
Petit livre fort rare. Exemplaire de Méon et de Ch. Nodier.
Le bas du titre est raccommodé.

324. LES MUSES GAILLARDES; recueillies des plus
beaux esprits de ce temps, par A. D. B.,
Parisien (Ant. Du Breuil); dernière édition,
revue, corrigée et de beaucoup augmentée.
Paris, de l'imprimerié d'Antoine Du Breuil,
s. d. (vers 1609), in-12, mar. r. fil. tr. dor.
(Reliure ancienne.) 100 fr.
Recueil rare. Exemplaire de Ch. Nodier. L'amateur auquel
il appartenait dans le XVIIIe siècle, a eu la fantaisie de le faire
intituler par son relieur : Cantiques de madame Gourdan.

325. LE PARNASSE SATYRIQUE du sieur Théophile.
S. l. (Holl., Elsev.), 1660, pet. in-12, mar.
vert, fil. tr. dor. (Bauzonnet-Trautz.) 150 fr.
Bel exemplaire. 128 millim. (4. p. 9 lig.).

326. Le Cabinet satyrique, où Recueil des vers
piquants et gaillards de ce temps, tirés des
cabinets des sieurs de Sigogne, Regnier, Mo-
tin, etc. *Imprimé au Parnasse*, 1697, 2 vol.
pet. in-8, mar. r. tr. dor. (*Derome*). 60 fr.
Exemplaire de Ch. Nodier.

327. Les Poésies facétieuses, par les beaux-
esprits de ce temps. S. l. (*Holl.*), 1668. —
Recoeul de quelques pièces curieuses tant en
prose qu'en vers. *Cologne, P. Marteau*,
1670, pet. in-12, mar. vert, fil. tr. dor. dent.,
doublé de soie. (*Noël.*) 50 fr.
Exemplaire de Ch. Nodier.
Volume rare. En tête du second recueil se trouvent deux
pièces en prose : *Requête d'une dame de la cour sur le luxe des
Bourgeoises de Paris, avec le Sommaire des griefs*, etc., et la *Réponse des Bourgeoises de Paris.*

328. Les Poésies gaillardes, galantes et amoureuses de ce temps. *Imprimé cette année*,
pet. in-12, v. ant. tr. dor. 15 fr.
Ce recueil est le même que celui qui fait partie du numéro
précédent, les *Poésies facétieuses*, etc., 1668. Il contient en plus
quatre pièces du même genre.

329. Les Joyeux épigrammes du sieur de la
Giraudière. *Paris, Cl. Banqueteau*, 1634,
pet. in-8, mar. bl. tr. dor. (*Duru.*) 30 fr.

330. Sotisier, ou Recueil de B., S. et F. (bêtises,
sottises et fadaises). *Paris*, 1717, in-8, mar.
vert, fil. tr. dor. (*Koehler.*) 30 fr.

331. Espiègleries, joyeusetés, bons mots, folies,
des vérités, par M. de Mérard St-Just. *Par-
tout et par tous les temps.* 3 vol. in-18, v.
f. fil. tr. dor. (*Duru.*) 75 fr.
Exemplaire en papier vélin fort.

332. La Ville de Paris, en vers burlesques,

par le sieur Berthaud ; augmentée de la Foire
de Sainct-Germain , par le sieur Scarron. *Paris, A. Rafflé,* 1665. — Le Tracas de Paris, ou
la seconde partie de la Ville de Paris, en vers
burlesques, contenant la foire St-Laurent,
les Marionnettes, les Subtilités du Pont-Neuf,
le Départ des coches, etc. ( par Fr. Colletet).
*Paris, Ant. Rafflé*, 1666, 2 part. en 1 vol.
pet. in-12, mar. r. fil. tr. dor. ( *Thouvenin.*) 30 fr.

Exemplaire de Ch. Nodier.
Cette édition est sans doute moins précieuse que celle des
Elsevier, imprimée en 1654 ; mais elle a sur celle-ci l'avantage
de contenir la deuxième partie, beaucoup moins connue, et surtout beaucoup plus rare que la première.

333. Le Mathois, ou Marchand meslé, propre
à tout faire. *Paris, Ant. Du Breuil*, 1614.
— L'Adieu du plaideur à son argent. *S. l.,*
1624, pet. in-8, mar. r. fil. tr. dor. ( *Koehler.*) 30 fr.

Exemplaire de Ch. Nodier.

334. Les Amours précipitées de Pierrot et
Claudine , l'un et l'autre habitants du terri-
toire appelé le Mont-d'Or, près de Lyon.
*Sur l'imprimé à Villefranche*, 1725, pet.
in-12 de 12 pages, mar. vert, fil. à froid,
tr. dor. (*Koehler.*) 35 fr.

Rare. Exemplaire de Ch. Nodier.

335. Dialogue de plusieurs laquais touchant
les conditions de ce temps et les misères de
ce siècle, en vers françois. *Rouen, J. Besongne,* 1704. — Catéchisme des Normands.
*S. l. n. d.*, in-12, demi-rel. v. vert. 5 fr.

336. Testament d'une fille d'amour mourante.

*Londres*, 1768. — Les Ambulantes à la brune, contre la dureté du temps. *A la Chine*, 1769. — Requête des fiacres de Paris contre les cabriolets. *S. l. n. d.* — Réponse des cabriolets à la requête des fiacres. *Londres*, 1768. — Les Sultanes nocturnes et ambulantes, contre nos seigneurs les réverbères. *A la Petite vertu*, 1769. — Complainte des filles auxquelles on vient d'interdire l'entrée des Thuilleries à la brune. *S. l. n. d.* In-8, demi-rel. mar. vert. 10 fr.

337. Étrennes à Messieurs les ribauteurs ; les Suppléments aux écosseuses, ou Margot la mal-peignée en belle humeur, et ses qualités. *S. l.*, 1752, in-8, demi-rel. 3 fr.

ſ. Chansons.

338. Recueil de chants historiques français depuis le XIIᵉ jusqu'au XVIIIᵉ siècle, par Leroux de Lincy. *Paris, Gosselin*, 1841-42, 2 vol. in-12, br. 6 fr.

339. Chansons nationales et populaires de France, accompagnées de notes historiques, par Dumersan et N. Ségur. *Paris, Gonet*, *s. d.*, 2 vol. gr. in-8 à 2 colonnes, fig., br. 10 fr.

340. Vaux-de-Vire d'Olivier Basselin, poëte normand de la fin du XIVᵉ siècle, publiés avec des dissertations, des notes et des variantes, par Louis du Bois. *Caen*, 1821, in-8, pap. vél., demi-rel., dos et coins de mar. r. fil., non rog. (*Bauzonnet.*) 12 fr.

341. Recueil des plus belles chansons de ce temps, tant musicales que rurales, anciennes et modernes. *Orléans, par E. Gibier.* 157... in-16, mar. bl. fil. tr. dor. (*Bauzonnet.*)     50 fr.

Petit volume rare. Le titre a été refait à la plume, mais si habilement qu'il est à peu près impossible de s'en apercevoir. Un autre petit recueil en 7 feuillets *a ij* à *a viij* se trouve à la suite du volume ; il est composé de chansons sur *la venue, le sacre et le mariage* de Henri III.

342. Bassus : Chansonnettes rimées mises en musique à quatre parties. *Paris, A. le Roy et la veufve R. Ballard,* 1594, pet. in-8 de 40 feuillets, mar. r. tr. dor. (*Duru.*)   50 fr.

Sur les 51 pièces qui composent ce recueil, 46 font partie des Œuvres de Durant de la Bergerie, *Paris, Ab. Langelier,* 1594. Les cinq autres sont sans doute également du même. Le recueil est précédé d'une lettre d'envoi de l'auteur à Toussaint Du Breuil, peintre.

343. Recueil des plus belles chansons des comédiens françois, en ce comprins les airs de plusieurs ballets qui ont esté faits de nouveau à la cour. *Caen, Jacques Mangeant,* 1626, pet. in-8, mar. r. tr. dor. (*Reliure ancienne.*)     50 fr.

Exemplaire de Ch. Nodier.

344. Trésor, ou Recueil des chansons amoureuses, recueillies des plus excellents poëtes de ce temps. *Rouen, de l'imprimerie de David Ferrant,* 1619. — L'Esliste des chansons amoureuses. *Rouen, D. Ferrant,* 1619, in-12, mar. r. tr. dor. (*Duru.*)     50 fr.

345. Les Chansons de Gaultier Garguille, *Paris, François Targa,* 1632, pet. in-12, titre gravé, mar. br. riche dent. doublé de mar. vert, dent. tr. dor. (*Niedrée.*) 300 fr.

Première et rarissime édition de ce recueil. Elle a un titre

gravé par Michel Lasne, et un titre imprimé. Sur le titre
gravé est représenté *Gautier Garguille.* Le vrai nom de ce
bouffon était, on le sait, Hugues Guéru, dit Fléchelles. On le
voit, au reste, par le privilége qui lui est accordé, sur la de-
mande qu'il en avait faite, dans la crainte *qu'autres que celuy
à qui il donnerait charge de l'imprimer* (ce petit livre) *ne le
contrefissent et n'adjoutassent quelques autres chansons plus
dissolues que les siennes.*

346. Vie de la Bourbonnoise. *S. l. n. d.,*
 in-12, v. f. fil. tr. dor. (*Niedrée.*) . . 15 fr.

Sous ce titre, on a réuni plusieurs petits recueils de chansons imprimés en 1724 et 1725.

347. Le Nouvel Anacréon françois, ou les
 Après-soupers de Paphos, par M. G. ***.
 *S. l. n. d.* — Desserts de petits soupers
 agréables, dérobés au chevalier du Pélican,
 auteur du Déjeuner de la Râpée. *De l'imprimerie de la Joie,* 1755, in-8, cart., non
 rog. 15 fr.

348. Recueil de romances historiques, tendres
 et burlesques, avec les airs notés, par M.-D.-
 L. (de Lusse). *S. l.,* 1767, in-8, fig., v. éc.
 fil. 3 fr.

349. La Tentation de saint Antoine (par Sedaine). — Le Pot-pourri de Loth (par Pierre
 Lalleman). In-8, réglé, fig., mar. r. dent.
 doublé de tabis, tr. dor. (*Bozérian.*) 40 fr.

Joli manuscrit sur vélin. Il est orné d'un beau portrait de
Sedaine, d'un frontispice gravé et de 17 planches avant la
lettre, qui ont été faites pour l'édition in-8 qu'on a donnée de
ce livre.
Exemplaire de Ch. Nodier.

350. Recueil complet des chansons de Collé.
 *Hambourg et Paris,* 1807, 2 tom. en 1 vol.
 in-18, mar. vert, tr. dor. (*Duru.*) 30 fr.

Exemplaire relié sur brochure.

351. Les Soirées de Célie, ou Recueil de chan-

sons en vaudevilles et ariettes, orné de 12
jolies gravures. *Paris, Janet, s.d.* (vers 1781),
in-32, mar. vert, tr. dor. (*Duru.*)  12 fr.

352. Cantiques et pots-pourris. *Londres*, 1789,
2 tom. en 1 vol. in-18, fig., mar. r. fil. tr.
dor. (*Reliure ancienne.*)  10 fr.

353. L'Ami de la joie, recueil de chansons
grivoises et bacchiques, tant anciennes que
nouvelles, la plupart inédites. *S. l.* (*Rouen,
Duval*), 1806, in-12, cart., non rog.  15 fr.

Ce volume a été imprimé à petit nombre et seulement
pour les amis de l'éditeur.

354. Recueil de chansons à Mlle de Thiboutot.
In-8, demi-rel. v.  15 fr.

Manuscrit sur papier avec lettres rouges d'une très-bonne
écriture du XVIII<sup>e</sup> siècle.

355. Chansons et poésies diverses de A. Anti-
gnac. *Paris, Poulet*, 1809, in-18, demi-rel.
mar.  4 fr.

356. Chansons et poésies diverses, par Désau-
giers. *Paris, Dufey*, 1834, 4 vol. in-32,
vél. bl., fil. tr. dor., chiffre. (*Bauzonnet.*)  30 fr.

357. Œuvres complètes de P.-J. Béranger.
*Paris, Perrotin*, 1843, 2 vol. in-12, fig.,
v. f. tr. dor., chiffre. (*Niedrée.*)  30 fr.

358. Œuvres complètes de Béranger. *Paris,
Perrotin*, 1844, in-32, cuir de Russie, fil.
tr. dor., chiffre. (*Niedrée.*)  12 fr.

### g. Poésies en patois.

359. L'Arrivée d'une dame en l'autre monde
habillée en panier. Vers au patois de Besan-

çon. S. *l. n. d.*, pet. in-8, mar. bl. tr. dor.
(*Duru.*) 40 fr.

Exemplaire de Ch. Nodier.

360. OEuvres complètes de P. Godolin, avec
traduction en regard et notes historiques et
littéraires, par J.-M. Cayla et Cléobule Paul.
*Toulouse*, *Delboy*, 1843, gr. in-8, fig. et
portr., demi-rel. v. f., non rog. (*Petit.*) 12 fr.

361. Lou Crebo-couer d'un paysan, sur la
mouert de son ay; eme la souffranso et la
miseri dei forcas que son en galero. S. l.,
1692, pet. in-12, v. f. fil. tr. dor. (*Simier.*) 12 fr.

En provençal.

362. Facéties provençales, ou Recueil de diverses pièces bouffonnes, originales et inédites. *Marseille*, *Chardon*, 1815, in-12, demi-
rel. v. f. 3 fr.

### 3. Poëtes italiens.

363. L'Enfer, le Purgatoire et le Paradis de
Dante Alighieri, traduits en français par
Artaud (italien et français). *Paris*, *F. Didot*, 1830, 9 vol. in-32, v. f. fil., non rog.,
tr. sup. dor. (*Niedrée.*) 35 fr.

Le Purgatoire et le Paradis sont imprimés sur papier vert.

364. Il Petrarca corretto da Lod. Dolce. *Vi-
negia*, *D. Giglio*, 1553, in-16, fig. sur bois,
mar. vert, tr. dor. (*Lardière.*) 15 fr.

365. Roland furieux, composé en ryme thus-
cane par Loys Arioste, et maintenant tra-

duict en prose françoise (par Jean des Gouttes ou Jean Martin). *Paris, veuve Fr. Reynault*, 1555, in-8, mar. bl. compart. tr. dor. (*Levasseur*.) 20 fr.

366. Jérusalem délivrée, poëme traduit de l'italien (par Lebrun). *Paris, Bossange*, 1803, 2 vol. in-8, pap. vél., mar. bl. doublé de mar. bl. riches compart. à petits fers, non rog. (*Muller*.) 25 fr.

367. Richardet, poëme (imité de l'italien de N. Forteguerri Carteromaco, par Dumourier père). (*Paris, Cazin*), 1781, 2 vol. in-18, mar. vert, fil. tr. dor. (*Bauzonnet*.) 20 fr.

### III. POÉSIE DRAMATIQUE.

#### 1. *Théâtres grec et latin.*

368. Comédies d'Aristophane, traduites du grec par M. Artaud. *Paris, Brissot-Thivars*, 1830, 6 vol. in-18, portr., v. r. fil. tr. dor. (*Bauzonnet*.) 20 fr.

369. Théâtre de Plaute, traduction nouvelle accompagnée de notes, par J. Naudet. *Paris, Lefèvre*, 1845, 4 vol. in-12, cart. (*Bauzonnet*.) 12 fr.

370. Comédies de Térence, traduction nouvelle par F. Collet. *Paris, Lefèvre*, 1845, in-12, cart. (*Bauzonnet*.) 3 fr.

371. Théâtre de Hrotsvitha, religieuse allemande du X siècle; traduit en français par Ch. Magnin. *Paris, B. Duprat*, 1845, in-8, pap. vél., demi-rel., dos et coins de mar. r., non rog. (*Capé*.) 10 fr.

## 2. *Théâtre français.*

372. Histoire du théâtre françois, depuis son origine jusqu'à présent (par les frères Parfait). *Paris, Morin*, 1734, 15 vol. in-12, v. m.                                    30 fr.

373. Bibliothèque du théâtre français, depuis son origine (par le duc de La Vallière). *Dresde, Groell*, 1768, 3 vol. in-8, v. m. fil. tr. dor.                                    15 fr.

Exemplaire en grand papier de la bibliothèque de Pixerécourt.

374. Annales dramatiques, ou Dictionnaire général des théâtres, par une société de gens de lettres. *Paris,* 1808, 9 vol. in-8, cart. en toile, non rog.                                    20 fr.

375. Manuel des coulisses, ou Guide de l'amateur. *Paris, Bezou,* 1826, in-18, v. ant. fil., non rog. (*Bauzonnet.*)                                    5 fr.

376. Théâtre français au moyen âge, publié d'après les manuscrits de la bibliothèque du roi; par MM. Monmerqué et Francisque Michel (XI$^e$ — XIV$^e$ siècles). *Paris, F. Didot,* 1842, gr. in-8, cart. (*Bauzonnet.*)                                    10 fr.

377. Mystères inédits du XV$^e$ siècle, publiés pour la première fois par Ach. Jubinal. *Paris, Techener,* 1837, 2 vol. gr. in-8, br., non rog.                                    30 fr.

Un des 10 exemplaires en grand papier de Hollande.

378. Recueil de farces, moralités et sermons joyeux, publié par Leroux de Lincy et Francisque Michel. *Paris, Techener,* 1837, 4 vol.

pet. in-8, demi-rel. mar. r., non rog. (*Lardière.*)     120 fr.

Tiré à 70 exemplaires.

379. Patelinus, nova comœdia, alias Veterator,
e vulgari lingua in latinum traducta per
Alexandrum Connibertum. *Parisiis*, 1543,
in-8, v. f. fil.     5 fr.

380. Le Nouveau Patelain (publ. par Gueullette). S. l. (*Paris*), 1748, in-12, v. m.  3 fr.

381. Le Premier (et second) volume du trium-
phant mystere des actes des apostres, trans-
late fidelement, a la verite historiale, es-
cripte par Saint-Luc a Theophile, et illustre
des legendes autentiques et vies de saincts re-
ceues par leglise, tout ordonne par personnages (par Arnould et Simon Greban). *Nouvellement imprime a Paris, lan mil cinq
cens quarante, par Arnould et Charles
les Angeliers freres,* 2 vol. in-4 goth., mar.
bl. compart. doublé de mar. r. dent. tr. dor.
(*Thouvenin.*)     300 fr.

Très-bel exemplaire de M. de Soleinne.

382. Tragédie françoise, à huict personnages,
traitant de l'amour d'un serviteur envers sa
maitresse, et de tout ce qui en advint, composée par Jean Bretog de St-Sauveur de
Dyue. *Lyon, N. Grandon,* 1571, in-12,
demi-rel. v. ant., non rog.     5 fr.

Réimpression à 45 exemplaires, faite à Chartres, chez Garnier, par les soins de M. G. Duplessis.

383. Le Mirouer et exemple moralle des enfants ingratz. (*Aix, Pontier,* 1836.) — Le
Mistère de la sainte hostie. (*Aix, le même,*

1817.) — Le Traicté des deux amans. (*Aix,
le même*, 1834.) — Moralité du mauvais riche. (*Aix, le même*, 1823), in-8, v. f. fil. tr.
dor. (*Niedrée.*) 30 fr.

384. Farce nouvelle, tres-bonne et tres-joyeuse
de la cornette a cinq personnages, par Jehan
d'Abundance, bazochien. S. *l.*, 1544, in-8,
mar. r. dent. tr. dor. doublé de tabis. (*Reliure ancienne.*) 30 fr.
Copie figurée sur vélin.

385. Les OEuvres et meslanges poetiques d'Estienne Jodelle. *Lyon, Benoist Rigaud*, 1597,
in-12, mar. r. fil. tr. dor. (*Trautz-Bauzonnet.*) 70 fr.
Joli exemplaire.

386. Les Tragédies de Rob. Garnier. *Lyon,
P. Freslon*, 1596, pet. in-12, mar. r. fil. tr.
(*Niedrée.*) 40 fr.

387. LES COMÉDIES FACÉTIEUSES DE PIERRE DE
L'ARIVEY, Champenois. *Rouen, Raphael du
Petit-Val*, 1611. — Trois Comédies de P. de
Larivey. *Troyes, P. Chevillot*, 1611, 2 vol.
in-12, mar. r. riches compart. fil. tr. dor.
(*Koehler.*) 250 fr.
On sait combien est rare le second volume de ces comé-
dies.

388. Gillette, comédie facétieuse, par le sieur
D. (Trotterel, sieur d'Aves). *Rouen, de l'imprimerie de David du Petit-Val*, 1620,
in-12, mar. bl. fil. tr. dor. (*Trautz-Bauzonnet.*) 30 fr.

389. OEUVRES DE CORNEILLE et chefs-d'œuvre
de Th. Corneille, avec les commentaires de
Voltaire. *Paris, Renouard*, 1817, 12 vol.

in-8, gr. pap. vél., fig. de Moreau, mar. r.
fil. tr. dor. (*Purgold.*)                    500 fr.

Magnifique exemplaire en grand papier vélin. Il contient,
outre les figures avant la lettre et les eaux-fortes de l'édition,
un portrait de Corneille gravé par Ficquet, épreuve avant la
lettre ; les figures de Gravelot, épreuves d'artistes ; les figures d'Horace Vernet et de Desenne (grande et petite suite)
avant la lettre et eaux-fortes, pour le Festin de Pierre de
Th. Corneille ; les vignettes d'Albrier, d'Horace Vernet et
de Deveria, pour l'Imitation ; divers portraits et vignettes
avant la lettre. En tout plus de 100 pièces ajoutées.

Cet exemplaire provient de la bibliothèque de M. de La
Bédoyère.

390. L'Esprit du grand Corneille, ou Extrait
raisonné de ceux des ouvrages de P. Corneille qui ne font pas partie du recueil de ses
chefs-d'œuvre dramatiques, par F. de Neufchâteau. *Paris, Didot,* 1819, in-8, v. f. fil.,
non rog. (*Bauzonnet.*)                    10 fr.

Avec envoi autographe de François de Neufchâteau à
M. de Soleinne.

391. Le Colin-Maillard, comédie facétieuse (par
Chapuzeau). *Paris, J.-B. Loyson* (1662), pet.
in-12, mar. r. tr. dor. (*Duru.*)          20 fr.

Avec une jolie figure en tête, représentant le jeu de *Colin-
Maillard.*

392. ŒUVRES DE MOLIÉRE, avec les notes de
tous les commentateurs ; 3ᵉ édition, publiée
par L.-Aimé Martin. *Paris, Lefèvre,* 1845,
6 vol. in-8, portr. et fig., mar. r. fil. tr. dor.
(*Duru.*)                    300 fr.

Superbe exemplaire, un des vingt tirés sur papier de Hollande. Il est orné de 4 portraits de Molière, de la jolie suite
des figures de Punt, des figures de Moreau (2ᵉ suite) avant
la lettre, et des vignettes d'après Desenne et Horace Vernet,
avant la lettre et sur papier de Chine.

393. Les Prétieuses ridicules, comédie nouvellement mise en vers (par Beaudeau de Somaize). *Paris, Jean Ribou,* 1660. — Les Vé-

ritables prétieuses ; comédie (en prose, par le
le même). *Paris, Estienne Loyson*, 1660. —
Le Procès des Prétieuses en vers burlesques,
comédie (par le même). *Paris, Jean Guignard*, 1660. — Le Grand dictionnaire des
prétieuses, ou la clef de la langue des ruel-
les ; seconde édition (par le même). *Paris,
Jean Ribou*, 1660, pet. in-12, mar. bl. fil.
tr. dor. (*Niedrée.*) 100 fr.

Réunion de pièces rares sur *les Précieuses.*
La première est la comédie même de Molière, mise en vers
par Somaize.
L'épître dédicatoire à *Mademoiselle Marie de Manciny*, est
des plus curieuses, par le ton insolent que lo pitoyable auteur prend à l'égard de Molière, et par la fatuité avec laquelle
il parle de lui-même.
« Cette comédie, dit-il, quelque réputation qu'elle ait eue
en prose, m'a semblé n'avoir pas tous les agréments qu'on lui
pouvait donner, et c'est ce qui m'a fait résoudre à la tourner
en vers, pour la mettre en état de mériter avec un peu plus
de justice les applaudissements qu'elle a reçus de tout le
monde, plutôt par bonheur que par mérite. »
Dans la préface des *Véritables prétieuses*, il dit encore que
Molière a copié les *Prétieuses* de l'abbé de Puro, jouée par
les Italiens, et qu'il *tire toute sa gloire des mémoires de Guillot Gorgcu, qu'il a acheptez de sa veuve, et dont il s'adopte tous
les ouvrages.*

394. Sganarelle, ou le Cocu imaginaire (par
Molière). *Suivant la copie imprimée à Paris (Amsterdam, Wolfganck)*, 1662. — La
Cocue imaginaire (par Doneau de Vizé). *Suivant la copie (Amsterdam, Wolfganck)*,
1662, pet. in-12, mar. r. fil. tr. dor.
(*Capé.*) 30 fr.

395. L'Escole des femmes, comédie, par J.-B.
P. Molière. *Paris, Cl. Barbin*, 1663, in-12,
fig., mar. br. fil. tr. dor. (*Muller.*) 70 fr.

EDITION ORIGINALE.
Il est dit dans *l'Impromptu de l'hôtel de Condé*, pièce de
Montfleury, que la figure qui précède l'Ecole des femmes offre
le portrait de Molière.

LE MARQUIS,
*(En regardant le premier feuillet de l'Ecole des femmes, où
Molière est dépeint.)*
N'est-ce pas là Molière?

ALIS.
Oui.

LE MARQUIS.
Oui, c'est son portrait.

ALIS.
Oui, monsieur, comme c'est un sermon qu'il y fait,
De peur qu'on en doutât, il s'est fait peindre en chaise.

LE MARQUIS.
Point, c'est qu'étant assis, on est plus à son aise.
Plus je le vois, et plus je le trouve bien fait.
*(Scène III.)*

396. LA CRITIQUE DE L'ESCOLE DES FEMMES, co-
médie, par J.-B. P. Molière. *Paris, Ch. de
Sercy*, 1663, in-12, mar. br. fil. tr. dor.
*(Muller.)* 70 fr.

ÉDITION ORIGINALE.
On a relié à la suite de cette pièce : *Le Portrait du peintre, ou la Contre-critique de l'Ecole des femmes*, par Boursault. *Paris. Est. Loison*, 1663. — *Panégyrique de l'Ecole des
femmes, ou Conversation comique sur les OEuvres de Molière*
(par Robinet). *Paris, J. Guignard*, 1664. — *Les Mots à la
mode, petite comédie* (par Boursault). *Paris, J. Guignard*,
1694.

397. Le Malade imaginaire, comédie, par J.-B.
P. de Molière. *Brusselles, G. de Backer*,
1694, in-12, v. f. fil. tr. dor. (Niedrée.) 15 fr.

398. Elomire hypocondre, ou les Médecins vengez, comédie, par le Boulanger de Châlus-
say. *Paris, de Sercy*, 1670, in-12, mar. bl.
fil. tr. dor. (Niedrée.) 30 fr.

Pièce satirique contre Molière, dont Elomire est l'ana-
gramme.

399. Elomire, c'est-à-dire Molière hypocondre,
ou les Médecins vengez, comédie (par Le
Boulanger de Chalussay). *Suivant la copie
imprimée à Paris (Amsterdam, Dan. El-*

sevier), 1671, pet. in-12, mar. bl., tr. dor.
(Duru.) 20 fr.

Édition rare, avec une gravure où l'on voit *Scaramouche
enseignant* et *Molière étudiant,* c'est-à-dire cherchant à imiter
le jeu de Scaramouche.

400. Théâtre de MM. de Montfleury père et
fils. *Paris*, 1739, 3 vol. in-12, mar. r. fil.
tr. dor. (*Reliure ancienne.*) 20 fr.

401. OEUVRES DE J. RACINE, avec les notes de
tous les commentateurs; édition publiée par
Aimé Martin. *Paris, Lefèvre,* 1820, 6 vol.
in-8, fig., demi-rel. mar. r., non rog. (*Du-
planil.*) 150 fr.

Bel exemplaire en grand papier vélin avec les figures
avant la lettre, d'après Gérard, Girodet et Prudhon. Il est
en outre orné de la suite de vignettes de Garnier gravées par
Choffard, et de celle de Desenne gravée par Girardet; toutes
les deux également avant la lettre.

402. La Joueuse dupée, ou l'Intrigue des aca-
démies, comédie (par de La Forge). *Paris,
Ant. de Sommaville,* 1674. — Le Cercle des
femmes savantes, dédié à Mme la comtesse
de Fiesque, par M. D. L. F. (De la Forge).
*Paris, P. Trabouillet,* 1663, pet. in-12,
v. m. 15 fr.

La seconde pièce est un dialogue en vers entre *Mécène
Virgile* et *Livie,* où les femmes savantes de France, principa-
lement celles du temps, sont passées en revue, sous leurs noms
de précieuses. La clef des noms, placée à la fin du volume,
peut servir à compléter le *Dictionnaire des précieuses* de
Somaize.

403. OEuvres complètes de J.-F. Regnard. *Paris, Crapelet,* 1822, 6 vol. gr. in 8, portr. et
fig. de Desenne, avant la lettre, mar. bl. tr.
dor. (*Duru.*) 120 fr.

Un des vingt exemplaires sur papier grand raisin fin.

404. OEuvres dramatiques de N. Destouches.

*Paris, Crapelet,* 1822, 6 vol. gr. in-8, fig.
avant la lettre, mar. r. tr. dor., chiffre.
*(Closs.)*      90 fr.

Un des vingt exemplaires en papier grand raisin vergé.
On a ajouté les figures de Périn avant la lettre.

405. La Capricieuse, ou les Effets de l'inégalité
d'humeur, comédie en trois actes, par A. L.
G. R. C. C. S. *l.*, 1799. = Notions abrégées
de logique et de morale, par Barbier. *Imprimé en l'an VIII* (1799). = Les Trois épo-
ques, ou l'Amour considéré dans la société
et hors de la société, par Barbier. *Imprimé
en* 1799. = Relation de la fin qu'a faict
Henri II, duc de Montmorency. *Imprimée
par G.-E.-J. Montmorency Albert Luynes,
Dampierre,* 1803, in-4, demi-rel. v. f. 15 fr.

406. Les Deux gendres, comédie, par M. Étienne.
*Paris,* 1810, in-8, bas.      15 fr.

ÉDITION ORIGINALE.

On a ajouté à la suite les diverses pièces qui ont paru à l'é-
poque de la représentation des Deux gendres, savoir : Conaxa,
ou les gendres dupés, comédie, *Paris,* 1812. — Le Fauteuil de
M. Etienne. — Mes révélations sur M. Etienne, les Deux
gendres et Conaxa, par Lebrun Tossa. — Histoire de Jean
Conaxa, par P.-J. Rinald. — Critique raisonnée de la comédie des Deux gendres, par D. J. — Fin du procès des Deux
gendres, par Hoffman. — Vives escarmouches avec M. Hoffman, par Mordan. — Conaxa ou les Deux Gendres, ou Ré-
sumé des débats. — Histoire abrégée d'un jeune homme
persécuté, pot-pourri par Gorinet. — La Stéphanéide, par
Bouvet. — Le Martyre de saint Etienne, etc., etc. ; en tout
vingt-quatre pièces, accompagnées de neuf caricatures co-
loriées.

407. Théâtre de campagne (par Carmontelle).
*Paris,* 1775, 4 vol. in-8, mar. r. fil. tr. dor.
*(Aux armes de la duchesse d'Orléans, mère
du roi Louis-Philippe.)*      60 fr.

408. Caquire, parodie de Zaïre, par M. de
Vessaire ; seconde édition, considérablement

e...... *A Chio, de l'imprimerie d'Ava-
lons, s. d., in-8, fig., v. f. fil. tr. dor.
(Duru.)* 15 fr.

409. La Ligue, scènes historiques, par Vitet;
les Barricades; — la Mort de Henri III; —
les États de Blois. *Paris, Fournier,* 1830,
3 vol. in-8, demi-rel. mar. bl. 12 fr.

### IV. APOLOGUES.

410. LES FABLES DU TRES-ANCIEN ESOPE, Phri-
gien, premierement escriptes en græc, et
depuis mises en rithme françoise (par Gilles
Corrozet). *(Paris), de l'imprimerie de Denis Janot,* 1544, pet. in-8, fig. et bordures
sur bois, mar. r. fil. tr. dor. (*Bauzonnet-
Trautz.*) 120 fr.

Volume rare et recherché, tant pour la traduction de Corrozet que pour les charmantes vignettes sur bois dont il est
orné. L'exemplaire est très-beau.

411. Fables inédites des XIIe, XIIIe et XIVe siècles, et Fables de La Fontaine, avec une
notice sur les fabulistes, par A.-C.-M. Robert; ornées d'un portr. de La Fontaine,
de 90 grav. en taille douce et de 4 fac-simile.
*Paris, E. Cabin,* 1825, 2 vol. in-8,
br. 12 fr.

412. Disciplina clericalis, auctore Petro Al-
phonso : Discipline de clergie, traduction
de l'ouvrage de Pierre Alphonse. *Paris, Ri-
gnoux,* 1824, 2 part. en 1 vol. pet. in-8, v.
f. fil. tr. dor., chiffre. (*Niedrée.*) 20 fr.

Publié par la Société des bibliophiles français.

## V. ROMANS ET CONTES.

### 1. *Romans grecs et latins.*

413. Histoire des pastorales et bocagères amours
de Daphnis et Chloé, traduites du grec en
françois; dernière édition revue, corrigée et
augmentée... de quelques gaietez champes-
tres tirées du Plaisir des champs du seigneur
Gauchet. *Paris, Anthoine Du Breuil*, 1596,
in-12, v. or. fil. tr. dor. (*Reliure anglaise.*)                                    40 fr.

Exemplaire de Ch. Nodier.

Edition rare. Cette traduction est celle d'Amyot, mais retouchée par l'éditeur Anthoine Du Breuil. On y a ajouté les petits
romans qui suivent, et qui sont également rares : *Les Chastes
et infortunées amours du baron de l'Espine et de Lucrèce de
La Prade, du pays de Gascongne, par A. de Nervèse. Langres,
pour P. Pisny. 1598. — Les Amours de la belle du Luc, par
J.-P., sieur de Gontier. Lyon, par Abr. Cloquemin*, 1598. —
*Les Amours de Filandre et de Marizée, par A. de Nervèse.
Marseille, par Symonel*, 1598. — *Clorinde, ou l'Amante tuée
par son amant. Langres, Jac. Marchie*, 1598.

414. Les Amours pastorales de Daphnis et
Chloé, traduites du grec de Longus par
Amyot. *Paris, Didot l'aîné*, 1800, in-4,
pap. vél., mar. r. dent. tr. dor., doublé de
tabis bleu. (*Bozérian.*)                    30 fr.

Avec les belles figures avant la lettre, d'après Prudhon et
Gérard.

Exemplaire de Pixerécourt.

415. Les Pastorales de Longus, traduction
complète par P.-L. Courrier. *Paris, Merlin*, 1825, in-18, pap. vél., fig., br.     3 fr.

416. Luc. Apulée de l'Ane doré, XI livres,
traduit en françois par J. Louveau. Plus y
a sus les 4, 5, 6 livres traitant de l'amour de

Cupido et de Psyches, XXXII huictains traduits sus d'autres qui ont esté taillez en cuivre en langue italique. *Paris, Nicolas, Bonfons,* 1586, in-16, fig. sur bois, mar. vert, fil. tr. dor. (*Capé.*) 30 fr.

417. Les Métamorphoses, ou l'Asne d'or d'Apulée (traduites par Fr. Bastien, avec le texte en regard). *Paris,* 1787, 2 vol. in-8, v. f. fil. tr. dor. (*Bozérian.*) 20 fr.

On a ajouté les figures de Crispin de Pas, gravées pour la traduction de Montlyard, *Paris,* 1623; belles épreuves remontées.

Exemplaire de Pixerécourt.

418. LES AMOURS DE PSYCHÉ ET DE CUPIDON, avec le poëme d'Adonis, par La Fontaine. *Paris, Didot le jeune, an III,* in-4, pap. vél., fig. de Moreau sur pap. bleu, demi-rel., dos et coins de mar. bl., non rog. (*Koehler.*) 120 fr.

Cet exemplaire est enrichi de la suite des 32 figures de l'histoire de Psyché par Raphaël, gravées par Marc-Antoine; des cinq figures d'après Gérard avant et avec la lettre; et de diverses gravures et vignettes d'après J. Romain, Titien, Carrache, Lesueur, Netscher, Boucher, Cochin, Moreau, Reynolds, Canova, Gérard, Girodet, Bourdon, Rouillard, Desenne, etc.; en tout 127 figures.

## 2. Romans français.

### A. Romans de chevalerie.

419. Corps d'extraits de romans de chevalerie, par M. de Tressan. *Paris,* 1782, 4 vol. in-12, mar. r. fil. tr. dor. (*Aux armes de la duchesse d'Orléans, mère du roi Louis-Philippe.*) 40 fr.

420. SENSUYT LE PREMIER VOLUME DE MERLIN, qui est le premier livre de la Table ronde.

*Imprime a Paris en la grant rue Saint-Jacques, a lenseigne de la Rose blanche couronnee, s. d.* — Cy finist le second volume de Merlin. — Les Propheties de Merlin. *Imprime a Rouen par J. Macc, demourant a Regnes, et pour Michel Angier, demourant a Caen*, 3 vol. pet. in-4 goth., mar. r. fil. tr. dor. (*Reliure ancienne.*) 200 fr.

421. LES GRANDES PROESSES DU TRES VAILLANT NOBLE ET EXCELLENT CHEVALIER TRISTAN, fils du noble roy Meliadus de Leonnoys. *Nouvellement imprime a Paris (par Denis Janot), lan mil cinq cens trentre trois.* In-fol. goth., mar. r. compart. tr. dor. (*Bauzonnet-Trautz.*)      400 fr.

Superbe exemplaire.

422. Le Livre du nouveau Tristan, prince de Leonnois, chevalier de la Table ronde, et d'Iseulte, princesse d'Irlande, royne de Cornoüaille; faict françois par Jean Maugin, dit l'Angevin. *Lyon, Benoist Rigaud, 1577*, 2 vol. in-16, mar. r. fil. tr. dor. (*Reliure ancienne.*)      30 fr.

423. Chronique de Turpin. *Paris, Silvestre, 1835*, in-4, goth., v. f. fil. tr. dor. (*Koehler.*)      25 fr.

Un des dix-huit exemplaires tirés sur papier de Hollande.

424. L'HISTOIRE DE PIERRE DE PROVENCE et de la belle Maguelonne. *Paris, veufve Jean Bonfons, s. d.*, in-4 goth., mar. vert, riches compart. tr. dor. (*Niedrée.*)      250 fr.

425. LHISTOIRE DE TRES NOBLE ET CHEVALEUREUX PRINCE GERARD, COMTE DE NEVERS ET DE

RETHEL, et de la tres vertueuse et tres chaste
princesse Euriant de Savoye, sa mye. (A la
fin) : *Nouvellement imprimee a Paris par
Philippe Le Noir*, 1526, in-4 goth., mar. r.
fil. tr. dor. *(Bauzonnet-Trautz.)*      300 fr.

Bel exemplaire. Le dernier feuillet manquant a été reproduit si habilement qu'il est à peu près impossible de s'en apercevoir.

426. Histoire de Gérard de Nevers et de la
belle Euriant, sa mie, par Tressan. *Paris,
Didot jeune*, 1792, in-18, gr. pap. vél.,
fig. de Moreau avant la lettre, mar. r. fil. tr,
dor., doublé de tabis bl.               10 fr.

427. LHISTOIRE ET CRONIQUE DU PETIT JEHAN
DE SAINTRE et de la jeune dame des belles
cousines, sans aultre nom nommer, avecques deux autres petites histoires de messire
Floridan et de la belle Ellinde, et lextraict
des cronicques de Flandre. *Imprime a Paris
par Jehan Trepperel, s. d.*, in-4, goth., fig.
sur bois, mar. r. fil. tr. dor. *(Bauzonnet-
Trautz.)*                               400 fr.

Bel exemplaire.

428. Chriserionte de Gaule, histoire mémorable, nouvellement et miraculeusement trouvée en la Terre saincte, par le sieur de
Sonan. *Lyon, Barth. Vincent*, 1620, in-8,
mar. r. tr. dor. *(Duru.)*               40 fr.

429. Histoire de Mélusine, tirée des Chroniques de Poitou, et qui sert d'origine à l'ancienne maison de Lusignan (par Nodot). *Paris, Cl. Barbin*, 1698. — Histoire de Geofroy, surnommé à la grand'dent, sixième fils
de Mélusine, prince de Lusignan ( par le

même). *Paris, veuve de Cl. Barbin*, 1700,
2 tom. en 1 vol. in-12, v. f. fil. tr. dor.
(*Simier*.)                                        15 fr.

430. Le Livre du très-chevaleureux comte d'Artois et de sa femme, fille au comte de Boulogne, publié d'après les manuscrits (par
M. Barrois). *Paris, Techener*, 1837, in-4,
demi-rel., dos et coins de v. f. (*Simier*.) 25 fr.

*B*. Romans de divers genres.

431. Les Angoysses douloureuses qui procèdent
d'amours, composées par dame Hellsenne
(de Crenne). *S. l. n. d.*, 3 part. en 1 vol.
in-8, lettres rondes, jolies fig. sur bois, mar.
r. fil. tr. dor. (*Bauzonnet*.)               100 fr.

Edition rare qui paraît avoir été imprimée par D. Janot
vers 1540.

432. Alector, histoire fabuleuse (par Barthélemy Aneau). *Lyon, P. Fradin*, 1560, in-8,
mar. r. fil. tr. dor. (*Trautz-Bauzonnet*.) 50 fr.
Volume rare.

433. Histoire de Fortunatus et de ses enfants.
*Paris, Costard*, 1770, pet. in-8, mar. r. fil.
tr. dor. (*Muller*.)                          10 fr.

434. L'Astrée de messire Honoré d'Urfé. *Lyon
et Paris*, 1631, 5 tom. en 9 vol. in-8, v. f.
fil. (*Reliure ancienne*.)                    65 fr.

435. La Vraye histoire comique de Francion,
composée par Nicolas de Moulinet, sieur du
Parc (Ch. Sorel). *Leyde, chez les Hackes*,
1668, 2 vol. pet. in-12, fig., mar. r. fil. tr.
dor. (*Duru*.)                                80 fr.

Bel exemplaire, 131 millim. (4 p. 10 lig.).

436. La Cléopâtre (de Coste de La Calpre-
nède). *Leyde, J. Sambix (Holl., Elsev.)*,
1648-58, 12 tom. en 6 vol. pet. in-8, v. f. fil.
tr. dor. (*Niedrée.*)                     75 fr.

Le tome premier, dont le titre est gravé, porte : *Suivant
la copie imprimée à Paris.*

437. Le Roman bourgeois, par Antoine Furetière. *Amsterdam, David Mortier*, 1714,
2 tom. en 1 vol. pet. in-12, fig., mar. vert,
tr. dor., chiffre. (*Duru.*)              30 fr.

A la fin du Roman, on trouve le *Jeu de boule des procureurs*, satyre, à M. de Maucroix.

438. La Princesse de Clèves, par Mme de
La Fayette. *Paris, Ménard et Desenne*,
1818, in-18, pap. vél., fig., mar. bl. fil. tr.
dor. (*Thouvenin.*)                       40 fr.

Exemplaire avec les figures avant la lettre, et orné des
quatre dessins ORIGINAUX de Desenne.

439. La Fausse Clélie, histoire françoise, galante et comique (par Subligny). *Nymègue,
Regnier Smetius*, 1680, pet. in-12, titre
gravé, fig., mar. r. tr. dor. (*Duru.*)  30 fr.

440. L'Adamite, ou le Jésuite insensible, nou-
velle doctrine. *Cologne, Louis le Sincère*
(*Hollande*), 1683, pet. in-12, mar. br.
(*Duru.*)                                 30 fr.

441. Les Esprits, ou le Mary fourbé, nouvelle
galante. *Liége, L. Montfort*, 1686, pet.
in-12, v. f. fil. tr. dor. (*Niedrée.*)  15 fr.

Ce petit roman est l'histoire du châtelain de Coucy et de
la dame de Fayel, *bourgeoisement écrite*, dit Lenglet du
Fresnoy.

442. Les Aventures de Télémaque, par Fénelon. *Paris, Didot*, 1790, 2 vol. in-8, pap.

vél., fig. de Moreau et de Marillier, mar. r.
fil. tr. dor. (*Simier.*)            30 fr.

**443.** Histoires tragiques et galantes, ornées de
figures en taille douce. *Amsterdam, Cl.
Jordan*, 1715, 2 vol. in-12, v. br.      6 fr.

**444.** Histoire de Gilblas, par Lesage ; vignettes,
par Jean Gigoux. *Paris, Paulin*, 1836, gr.
in-8, fig. sur bois, mar. br. compart. tr.
dor.                             20 fr.

**445.** Histoire du chevalier des Grieux et de
Manon Lescaut (par l'abbé Prévost). *Amsterdam (Paris)*, 1753, 2 vol. in-12, fig., mar.
bl. fil. tr. dor. (*Bauzonnet-Trautz.*) 130 fr.

Bel exemplaire en papier fort.

**446.** Histoire de Manon Lescaut et du chevalier des Grieux, par l'abbé Prévost. *Paris,
Didot l'aîné*, 1797, 2 vol. in-18, fig., mar.
bl. fil. doublé de mar. r. riches dent. tr.
dor. (*Duru.*)            100 fr.

Bel exemplaire en grand papier vélin avec les eaux-
fortes.

**447.** Histoire de Mme la comtesse Des Barres,
à Mme la marquise de Lambert. *Bruxelles,
F. Foppens*, 1736, in-12, mar. r. tr. dor.
(*Niedrée.*)           25 fr.

C'est l'histoire de quelques années de la jeunesse de l'abbé
de Choisy, écrite par lui-même.

**448.** Les Amours de Cartouche, ou Aventures
singulières et galantes de cet homme. *Londres, s. d.*, in-18, v. f. fil. tr. dor.    5 fr.

**449.** Les Nones galantes, ou l'Amour embéguiné. *La Haye, Jean Van Es*, 1740, pet.
in-12, v. jaspé, fil.              5 fr.

450. Faunillane, ou l'Infante jaune, conte
(par le comte de Tessin). *Sur l'un des deux
imprimés in-quarto, à Badinopolis, chez les
frères Ponthommes, 1743, fig.* — Acajou et
Zirphile, conte (par Duclos). *A Minutie, 1744,
in-4, fig. v. f. fil. tr. dor.* (*Niedrée.*)   30 fr.

*Faunillane* est de l'édition in-12, remontée in-4. On y a
ajouté les figures d'*Acajou et Zirphile*, qui sont les mêmes
pour les deux ouvrages.

On sait que la première édition de *Faunillane*, qui était
in-4, fut détruite, à l'exception de deux ou trois exemplaires,
et qu'on en conserva les figures. C'est pour utiliser ces figures
que Duclos composa Acajou. Ainsi les figures n'ont pas été
faites pour le conte, mais le conte pour les figures.

451. Les illustres Françoises, histoires véritables (par Challes). *La Haye, J. Neaulme,
1748, 4 vol. in-12, v. f. fil. tr. dor.* (*Reliure
ancienne.*)                         8 fr.

452. Le Passe-Partout galant, par M. ***, chevalier de l'ordre de l'Industrie et de la Gibecière. *Constantinople, imprimé dans la présente année, pet. in-12, v. éc. fil. tr. dor.* 8 fr.

453. Romans et contes de l'abbé de Voisenon.
*Paris, Imbert, 1798, 3 tom. en 1 vol. in-18,
fig.,* demi-rel. mar. r., non rog. (*Koehler.*)                               6 fr.

454. Collection complète des œuvres de Crébil-
lon. *Londres, 1777, 7 vol. in-12, v. f. fil. tr.
dor.* (*Bozérian jeune.*)            40 fr.

455. Angola, histoire indienne (par La Mor-
lière). *Agra, 1751, 2 part. en 1 vol. pet.
in-12, fig.* d'Eisen, mar. r. fil. tr. dor. (*Reliure ancienne.*)                    10 fr.

C'est la première édition sous cette date ; on la reconnaît
aux deux jolies petites vignettes placées en tête de la première et de la seconde partie. Ces deux vignettes ont été sup-
primées dans la réimpression. La reliure est fatiguée.

H I

456. Le Diable amoureux, par J. Cazotte, illustré de 200 dessins par de Beaumont. *Paris, Ganivet,* 1845, in-8, fig. sur bois, demi-rel. v. f.     5 fr.

457. Olivier, poëme (en prose), par Cazotte. *Paris, imprimerie de Didot,* 1780, 2 vol. in-18, fig. avant la lettre ajoutées, mar. bl. compart. tr. dor. (*Bozérian.*)     15 fr.

458. La Paysanne pervertie, ou les Dangers de la ville (par Rétif de la Bretonne). *Paris, veuve Duchesne,* 1786, 4 vol. in-12, fig., br.     12 fr.

459. Les Françaises, ou XXXIV exemples choisis dans les mœurs actuelles, propres à diriger les filles, les femmes, les épouses et les mères (par Rétif de la Bretonne). *Neufchatel,* 1786, 4 vol. in-12, br.     8 fr.

460. Paul et Virginie (et la Chaumière indienne), par Bernardin de Saint-Pierre. *Paris, L. Curmer,* 1838, gr. in-8, fig., mar. bl. à compart. doublé de mar. vert, dent. tr. dor. (*Niedrée.*)     180 fr.

Magnifique exemplaire en grand papier vélin, avec les figures avant la lettre sur papier de Chine. On y a ajouté les vignettes de Corbould (5 grandes et 12 petites) sur papier de Chine; le Portrait de Bernardin de Saint-Pierre, d'après Laffitte, également sur papier de Chine; et une carte coloriée de l'île de France, par Dufour.

Il est en outre enrichi de trois fragments *autographes* de Bernardin de Saint-Pierre. « L'un est un essai de la conversation de Paul et du Vieillard ; plusieurs passages de cet essai n'ont pas été employés ; le second est le tableau du bonheur dont les âmes innocentes sont appelées à jouir dans le ciel. Ce tableau, qui faisait partie de la même conversation, a été retranché par l'auteur. Dans le troisième, qui n'est qu'une note, Bernardin raconte comment lui vint l'idée des Enfants sous le jupon. Cette petite note est précieuse en ce qu'elle montre comment Bernardin de Saint-Pierre savait transformer les plus simples observations en charmants tableaux. » (*Extrait des notes de M. Aimé Martin, ajoutées au volume.*)

461. OEuvres de Xavier de Maistre. *Paris, Le-
denlu*, 1833, 4 tom. en 2 vol. in-32, demi-
rel. v. bl.                                6 fr.

462. Antigone; l'Homme sans nom, par Bal-
lanche. *Paris, Delloye*, 1841, in-12, fig.,
br.                                        2 fr.

463. Franciscus Columna, dernière nouvelle
de Charles Nodier, précédée d'une notice par
Jules Janin. *Paris, Techener*, 1844, in-12,
pap. vél., portr., v. f. fil. tr. dor., chiffre.
(*Closs.*)                                 6 fr.

464. Romans relatifs à l'histoire de France
aux XV$^e$ et XVI$^e$ siècles, par Paul L. (Lacroix)
Jacob. *Paris, A. Desrez*, 1838, gr. in-8,
demi-rel. mar.                            10 fr.

465. Jérôme Paturot à la recherche d'une po-
sition sociale, par Louis Reybaud; illustré
par Grandville. *Paris, Dubochet*, 1846, gr.
in-8, cart., dos de toile. (*Bauzonnet.*) 15 fr.

C. Romans historico-satiriques, relatifs aux amours
de plusieurs grands personnages.

466. Galanteries des rois de France, depuis le
commencement de la monarchie (par Vanel);
nouvelle édition, augmentée des Amours des
rois de France, par Henri Sauval. *Suivant
la copie imprimée à Paris, chez Charles
Moette*, 1731, 3 part. en 1 vol. pet. in-8, fig.
de B. Picart, mar. r. fil. tr. dor. (*Trautz-
Bauzonnet.*)                              50 fr.
Bel exemplaire. La troisième partie, contenant les *Amours*
des rois de France de Sauval, manque assez souvent.

467. Mémoires historiques et secrets, concernant
les amours des rois de France (d'après Sau-

val), avec quelques autres pièces (Réflexions sur la mort de Henri le Grand; le Mal de Naples, son origine et ses progrès, etc.). *Paris, vis-à-vis du Cheval de bronze*, 1739, pet. in-12, mar. bl. fil. tr. dor. (*Duru.*)     30 fr.

Exemplaire relié sur brochure.

468. Les Amours de Henry IV (par la princesse de Conti), avec diverses lettres écrites à ses maîtresses, et autres pièces curieuses. *Leyde, Jean Sambix (Elzev.*), 1663, pet. in-12, mar. r. fil. tr. dor. (*Duru.*)     35 fr.

469. Histoire secrète du cardinal de Richelieu, ou ses Amours avec Marie de Médicis et madame Combalet. *Paris*, 1808, in-18, pap. vél., v. f. fil., non rog. (*Niedrée.*)     10 fr.

470. Les Amours d'Anne d'Autriche, épouse de Louis XIII, avec Mgr le cardinal de Richelieu, le véritable père de Louis XIV, roi de France. *Cologne (Hollande), Pierre Marteau*, 1730, pet. in-12, mar. vert, fil. tr. dor. (*Koehler.*)     35 fr.

Exemplaire de Ch. Nodier.

471. Histoire amoureuse des Gaules, par le comte de Bussi Rabutin (et autres histoires satiriques du même temps). *S. l.*, 1754, 5 vol. in-12, mar. r., non rog. (*Koehler.*)     55 fr.

472. Carte géographique de la cour et autres galanteries, par (Bussy) Rabutin. *Cologne, P. Michel*, 1668, pet. in-12, v. f. fil.     20 fr.

Volume rare. Il n'a pas été réimprimé.

473. Histoire du Palais-Royal (amours de Louis XIV et de Mme de La Vallière). *S. l.*

*n. d.* (*Holl.*). — Relation de la cour. de Savoye, ou les Amours de Madame royale. *Paris* (*Holl.*), 1667. — Les Pourtraicts. de la
cour pour le présent, c'est-à-dire du roy, des
princes et des ministres d'Estat, etc. *Cologne*
(*Holl.*), 1667. — Histoire de la vie de la reine
de Suède. *Fribourg* (*Holl.*), 1667. — Histoire
galante de M. le comte de Guiche et Madame.
*Jouxte la copie à Paris*, 1667, pet. in-12, v.
f. fil. (*Muller.*)                            25 fr.
Pièces rares.

474. Plusieurs Mémoires ou fragments, concernant l'histoire de Mme la duchesse d'Orléans. *Guillelmus Imbert scripsit duode-
cimo kalendas julii*, 1685, in-4, demi-rel.
v. f.                                          20 fr.
Ce manuscrit, d'une assez bonne exécution, contient, outre
plusieurs passages supprimés dans l'*Histoire des amours de
Madame et du comte de Guiche*, imprimée en Hollande, la
suite inédite de cette histoire. Le volume est terminé par une
lettre de la duchesse d'Orléans à la princesse Palatine, datée
de Saint-Cloud, 23 juin 1670, 4 pages.

475. Lupanie, avec les maximes d'amour. *A la
Tendresse, chez les Amans*, 17000, in-12,
mar. vert, fil. à fr. tr. dor., chiffre sur les
plats. (*Duru.*)                              30 fr.
Exemplaire relié sur brochure et rempli de témoins.
Édition rare et qui paraît avoir été imprimée dans le commencement du XVIII<sup>e</sup> siècle. Le titre est entouré d'une bor-
dure sur bois.

476. La Cassette ouverte de l'illustre Criole, ou
les Amours de Mme de Maintenon. *A Villefranche, David du Four*, 1690, in-12, mar.
vert, fil. tr. dor. (*Derome.*)
Exemplaire de Pixérécourt et de Ch. Nodier.

477. Annales de la cour et de Paris, pour les

années 1697 et 1698 (par Gatien de Courtils).
*Cologne, P. Marteau*, 1701, 2 vol. pet. in-12,
v. f. 6 fr.

478. Les Avantures de Pomponius, chevalier
romain, ou l'Histoire de notre temps. *Rome,
chez les héritiers de Ferrante Pallavicini*,
1724, in-12, demi-rel. dos et coins de mar.
bl., non rog. (*Thouvenin.*) 8 fr.

479. Mémoires secrets pour servir à l'histoire
de Perse (de France, par Pecquet). *Berlin,
aux dépens de la Compagnie*, 1759, in-18,
mar. vert, tr. dor. chiffre. (*Duru.*) 12 fr.

480. Les Jésuites de la maison professe de Paris en belle humeur. *Lions, Jean Montos*,
1760, pet. in-12, fig., mar. r. tr. dor.
(*Duru.*) 25 fr.

481. Histoire de Mlle Cronel (Clairon), dite
Frétillon, actrice de la Comédie de Rouen.
*Londres (Paris, Cazin)*, 1782, 2 tom. en
1 vol. in-18, mar. citr. tr. dor., chiffre.
(*Duru.*) 20 fr.

482. Amours de Louise-Marie-Thérèse-Mathu-
rine (*sic*) d'Orléans, duchesse de Bourbon.
*De l'imprimerie de la Volupté, au château
des Délices*, 1790, in-18, portr., br. 3 fr.

483. Les Amours de Messaline, cy-devant reine
de l'isle d'Albion, où sont découverts les secrets de l'imposture du prince de Galles. *Cologne (Holl.), Pierre Marteau*, 1689, pet.
in-12, mar. r. fil. tr. dor. (*Niedrée.*) 25 fr.

484. Histoire secrète de la duchesse de Port-
smouth, où l'on verra une relation des intrigues de la cour du roi Charles II. *Traduit
de la copie imprimée à Londres, chez Ri-*

*chard Baldwin* (*Holl.*, *à la Sphère*), 1690,
pet. in-12, mar. r. fil. tr. (*Niedrée.*)   25 fr.

485. La Saxe galante, ou Histoire des amours
d'Auguste I<sup>er</sup>, roi de Pologne. *Amsterdam*,
1737, pet. in-8, mar. r. fil. tr. dor.
(*Capé.*)   20 fr.

### D. Contes et nouvelles.

486. Bibliothèque choisie de contés en partie
traduits de l'arabe et du persan, par Lan-
glès; de l'italien, par Simon, etc. *Paris,
Royez*, 1786-88, 8 vol. in-8, pap. vél., fig.,
demi-rel., dos et coins de mar. r. fil., non
rog. (*Simier.*)   60 fr.

487. LES CENT NOUVELLES NOUVELLES; suivent
les cent Nouvelles contenant les Cent histoires noùvéaux qui sont moult plaisans à ra-
conter. *Cologne, P. Gaillard*, 1701, 2 vol.
pet. in-8, fig. de Romain de Hooge, mar. bl.
tr. dor. (*Duru.*)   70 fr.

Bel exemplaire avec les figures dans le texte.

488. LE PARANGON DE NOUVELLES HONNESTES et dé-
lectables a tous ceux qui désirent veoir et ouyr
choses nouvelles et récréatives soulz umbre et
couleur de joyeuseté, utiles et proflitables a
un chascun vray amateur des bons propos et
plaisans passetemps. *On les vend a Lyon,
en la boutique de Romain-Morin (imprimé
par Denis de Harsy)*, 1532, pet. in-8, lettres
rondes, mar. r. compart. doublé de mar. bl.
dent. (*Bauzonnet-Trautz.*)   350 fr.

Volume très-rare orné d'un grand nombre de jolies figures sur bois. C'est un recueil de 47 nouvelles tirées de Boccace, Pogge et autres auteurs. On trouve à la fin : *Les Paro-*

*les joyeuses et dicts memorables des anciens, redigés par Fr.
Petrarcque.*

· Le coin d'en haut du troisième feuillet a été refait.  :

489. COMPTES AMOUREUX, PAR MADAME JEANNE
 FLORE, touchant la punition que faict Venus
 de ceulx qui contemnent et mesprisent le
 vray amour. (A la fin) : *Imprimé nouvellement à Lyon, s. d.,* pet. in-8, fig. sur
 bois, mar. br. fil. tr. dor. (*Trautz-Bauzonnet.*)                              120 fr.

Très-joli exemplaire d'un des livres les plus rares de la
classe des conteurs.

490. Les Comptes du  onde adventureux, par
 A. D. S. D. *Paris, Vincent Sertenas,* 1555,
 in-8, v. f. fil. tr. dor.              20 fr.

491. Les Contes, ou les Nouvelles récréations
 et joyeux devis de Bonaventure Des Périers,
 avec des notes par Charles Nodier. *Paris,
 Gosselin,* 1841, pet. in-8, v. f. fil. tr. dor.
 (*Simier.*)                          15 fr.

Exemplaire en papier de Hollande.

492. Contes et Nouvelles de Marguérite de Valois, reine de Navarre, mis en beau langage.
 *Amsterdam, G. Gallet,* 1708, 2 vol. pet.
 in-8, fig., mar. bl. tr. dor. (*Duru.*)   60 fr.

Edition recherchée pour les figures d'Harrewyn, qui sont ici
de premier tirage. Les précédentes éditions, données à Amsterdam par le même G. Gallet, en 1697 et 1700, sont ornées
des figures attribuées à Romain de Hooge.

493. Heptaméron français. Nouvelles de Marguerite, reine de Navarre. *Berne,* 1781, 3 vol.
 in-8, fig. de Freudenberg, v. f. dent. tr. dor.
 (*Bozérian.*)                         40 fr.

494. Les Contes et Discours d'Eutrapel, par le
 seigneur de la Hérissaye (Noël du Fail). *Rennes,*

*N. Glamet*, 1603, in-8, mar. br. fil. tr. dor.
(*Bauzonnet*.)                              40 fr.

Bel exemplaire grand de marges.

495. Le Printemps d'Yver, contenant cinq histoires discourues par cinq journées en une
noble compagnie, au chasteau du Printemps;
par Jacques Yver. *En Envers, Guillaume
Silvius*, 1572, in-16, mar. r. fil. tr. dor.
(*Bauzonnet-Trautz*.)         -          40 fr.

496. Nouveaux récits, ou Comptes moralisez,
joinct à chacun le sens moral, par Du Roc-
sort-Manne. *Anvers, Th. Kauffmann*, 1575,
in-16, mar. r. fil. tr. dor. (*Reliure ancienne.*)                                   40 fr.

Petit volume fort rare. L'exemplaire est trop rogné en
tête.

497. Les Neuf matinées du seigneur de Cholières, dédiées à Mgr de Vendosme; reveues, corrigées et augmentées par l'autheur.
*Paris, Jean Richer*, 1586. — Les Après-Di-
nées du seigneur de Cholières. *Paris, Jean
Richer*, 1588, 2 vol. pet. in-8, mar. r. fil.
tr. dor. (*Niedrée*.)                      150 fr.

Beaux exemplaires de ces deux volumes, qu'on trouve rarement réunis, surtout en éditions du XVIᵉ siècle.

498. Premier livre (IIᵉ et IIIᵉ) des Serées de
Guillaume Bouchet, sieur de Brocourt; reveu et augmenté par l'auteur, presque de
moitié. *Paris, Jérémie Périer*, 1608, 3 vol.
in-12, v. éc. fil.                          36 fr.

Première édition complète et la plus jolie de cet ouvrage.
Le tome ii porte : *Lyon, Thibaud Ancelin* ; mais il est de la
même édition que les autres volumes, comme il est facile de
le voir par les caractères et par les fleurons qui sont les mêmes,
et par le privilége commun accordé aux deux libraires.

499. Les Heures perdues d'un cavalier françois,
dans lequel les esprits mélancoliques trouveront des remèdes propres pour disperser
cette fascheuse humeur. *Paris, Gabriel Quinet*, 1663, pet. in-12, mar. vert, tr. dor.
(*Duru.*) 30 fr.

500. Les CONTES AUX HEURES PERDUES du sieur
d'Ouville, ou le Recueil de tous les bons
mots, reparties, équivoques, brocards, sim-
plicitez, naïfvetez, gasconnades, etc. *Paris,
Toussaint Quinet*, 1644, 4 vol. in-8, titres
gravés, mar. amar. (*Koehler.*) 120 fr.
Edition originale fort rare.

501. Nouveau recueil de contes à rire, choisis
du sieur Douville et autres divers autheurs.
*Paris, Estienne Loyson*, 1669, pet. in-12, v.
f. fil. tr. dor. (*Niedrée.*) 25 fr.

502. Les Récréations françoises, ou Recueil
nouveau de contes à rire. *Utopie (Holl.)*,
1705, pet. in-12, v. éc. fil. 15 fr.

503. Nouveaux contes à rire et avantures plaisantes, ou Récréations françoises, enrichies
de figures en taille douce. *Cologne, Roger
Bontemps*, 1722, 2 vol. in-12, fig. à mi-page,
mar. r. fil. tr. dor. (*Duru.*) 55 fr.

504. Histoires facétieuses et morales, assem-
blées et mises au jour par J. N. D. P. (Pari-
val). *Leiden, Sal. Vaguénaer*, 1663. — Histoires tragiques de notre temps arrivées en
Hollande (par le même). *Leiden, Sal. Va-
guenaer*, 1663, 2 part. en 1 vol. pet. in-12,
v. f. fil. tr. dor. (*Muller.*) 20 fr.

505. Histoires ou Contes du temps passé, avec

des moralités, par M. Perrault. *La Haye,* 1742, in-12, fig., mar. bl. compart. fil. tr. dor. (*Niedrée.*)          60 fr.

Sous la désignation de La Haye, cette charmante édition a été imprimée à Paris chez Coustelier. Elle est ornée de jolies figures à mi-page, gravées d'après De Sève.

506. Avantures secrettes et plaisantes recueillies par M. de G***. *Brusselles, George de Backer*, 1696, pet. in-12, fig., v. f. fil. tr. dor. (*Simier.*)          15 fr.

507. Le Langage des muets, ou les Promenades anglaises, contenant plusieurs avantures très-extraordinaires, galantes et divertissantes. *Londres, P. Lamoureux*, 1707, pet. in-12, fig., vél.          3 fr.

On trouve dans ce volume l'histoire de l'arrivée du *Juif errant à Londres.*

508. Les Tours industrieux, subtils et gaillards de la Maltôte, nouvelles galantes. *Paris, M. le Plagiaire*, 1708, pet. in-12, demi-rel. mar. br. (*Thouvenin.*)          3 fr.

509. Pluton maltôtier, nouvelle galante. *Cologne, A. L'Enclume*, 1708, in-12, fig., v. viol. fil. tr. dor. (*Purgold.*)          8 fr.

510. L'Art de plumer la poule sans crier. *Cologne, Robert le Turc*, 1710, in-12, v. f. fil. tr. dor. (*Muller.*)          8 fr.

511. Les Morts ressuscitez, nouvelle galante et véritable. *A Cologne, Pierre Marteau*, 1712, pet. in-12, mar. r. compart. tr. dor. (*Niedrée.*)          14 fr.

512. Le Gage touché, histoires galantes et comiques, ornées de figures en taille douce. *Amsterdam, François Changuion*, 1724, in-12, mar. bl. fil. tr. dor. (*Duru.*)          25 fr.

513. Les Soirées amusantes, ou Recueil choisi
de nouveaux contes moraux (par Imbert,
Florian et autres). *Amsterdam*, 1785, 3 vol.
in-12, br.                                     5 fr.

514. Point de lendemain, conte. *Paris, imprimerie de Didot l'aîné*, 1812, in-18, pap.
vél., mar. bl. fil., coins ornés, tr. dor. (*Bauzonnet.*)                                      30 fr.

Ce charmant petit volume est de Vivant Denon; il n'a été
tiré qu'à quelques exemplaires et pour les amis de l'auteur.

515. Contes de Charles Nodier : Trilby, le
Songe d'or, la Fée aux miettes, Inès de la
Sierra, Smarra, etc.; eaux-fortes, par Tony
Johannot. *Paris, Hetzel*, 1846, gr. in-8,
fig., v. f. fil. tr. dor., chiffre. (*Nie-
drée.*)                                        20 fr.

516. Contes normands, par Jean de Falaise,
traduits librement par l'ami Jacob. 1838-
1842. *Caen, Hardel*, 1842, in-18, fig., v. f.
fil. tr. dor., chiffre. (*Niedrée.*)           6 fr.


### 3. Romans et contes italiens.


517. La Fiammette amoureuse de M. Jean
Boccace, faicte fraçoise (par G. Chappuis)
et italienne. *Paris, Guillemot*, 1609, in-12,
mar. r. fil. tr. dor. (*Reliure ancienne.*) 20 fr.

518. Le Décaméron de Jean Boccace (traduit
par Ant. Le Maçon). *Londres (Paris)*, 1757,
5 vol. in-8, fig. de Gravelot, mar. r. dent.
doublé de tabis, tr. dor. (*Reliure ancienne.*)                                      90 fr.

Bel exemplaire.

519. Cento novelle scelte da più nobili scrittori

della lingua volgare di Francesco Sansovino.
*In Venetia*, 1566, in-4, fig. sur bois, mar.
vert, fil. tr. dor. (*Reliure ancienne.*) 40 fr.

520. LES CENT EXCELLENTES NOUVELLES DE
JEAN-BAPTISTE GIRALDI, mis d'italien en
françois par Gabriel Chappuys, Tourangeau.
*Paris, Abel l'Angelier*, 1584, 2 vol. in-8,
mar. br. tr. dor. (*Bauzonnet-Trautz.*) 14 fr.

Bel exemplaire de cette traduction rare et recherchée.

521. Les Facécieuses nuicts du seigneur Stra-
parole (traduites par Louveau et La Rivey).
*S. l. (Paris)*, 1726, 2 vol. pet. in-12, v. f.
fil. tr. dor. (*Thouvenin.*) 30 fr.

522. La prima e la seconda Cena, novelle, con
una novella della terza cena, etc., di Antonio Francesco Grazzini detto il Lasca. *In
Londra (Parigi)*, 1756, pet. in-8, v. éc. fil.
tr. dor. 8 fr.

523. Les Nouvelles d'Antoine-François Grazzini, dit le Lasca (traduites par Lefebvre de
Villebrune). *Berlin*, 1776, 2 vol. in-12,
bas. 5 fr.

### 4. *Romans et contes espagnols.*

524. L'AMANT MAL TRAICTE DE SA MYE. *Paris,
Vincent Sertenas* (1539), pet. in-8, fig. sur
bois, mar. olive, fil. tr. dor. (*Thompson.*) 90 fr.

Cette traduction du roman espagnol *Arnalte y Lucenda* de
Diego de San Pedro est de Nicolas de Herberay, sieur des
Essars. C'est la première édition.

On lit à la fin :

Aux patis des essars
Et au printemps m'y herberay.

11

La date de 1539 n'est pas sur le titre, mais elle se trouve
au privilége.

Ce volume rare et parfaitement conservé provient de la
bibliothèque de Ch. Nodier.

525. Aventures et espiégleries de Lazarille de
Tormes (traduites de l'espagnol de D. Diego
Hurtado de Mendoça). *Paris, Didot jeune,*
1801, 2 vol. in-8, fig., cart., doré en tête,
non rog.        10 fr.

526. Histoire de l'admirable Don Quichotte de
la Manche (traduite de l'espagnol de Cervantes par Filleau de St-Martin). *Bruxelles,*
G. *Fricx,* 1706, 2 vol. in-12, fig., v. ant.
fil.        20 fr.

Belle et bonne édition, dit Lenglet-du-Fresnoy, dans sa
*Bibliothèque des romans,* page 216.

Cette édition, remarquable surtout par les jolies figures
d'Harrewin, est complète en deux volumes. Elle renferme
tout le Don Quichotte de Cervantes, mais ne donne qu'une
partie de la suite.

527. Histoire de l'admirable Don Quichotte de
la Manche, traduite de l'espagnol de Michel
de Cervantes (par Filleau de St-Martin). *Ams-*
*terdam, Arkstée et Merkus,* 1768, 6 vol.
in-12. — Nouvelles de Michel de Cervantes.
*Amsterdam, Arkstée et Merkus,* 1768, 2 vol.
in-12; les 8 vol. avec fig. de Folkéma d'après
Coypel, v. f. fil. tr. dor., chiffre. (*Nie-*
*drée.*)        100 fr.

Bel exemplaire relié sur brochure.

528. Persilès et Sigismonde, ou les Pèlerins
du Nord, traduit de l'espagnol de Cervantes
par H. Bouchon-Dubournial. *Paris, Méqui-*
*gnon-Marvis,* 1822, 2 vol. in-8, gr. pap. vél.,
triple suite de figures d'après Desenne avant

la lettre, et eaux-fortes, demi-rel. mar. bl.,
non rog. (*Koehler.*) 30 fr.

529. Les Principales avantures de l'admirable
Don Quichotte, représentées en figures par
Coypel, Picart le Romain et autres habiles
maîtres. *La Haye, P. de Hondt*, 1746, in-4,
vél. cordé. 40 fr.

Exemplaire de Ch. Nodier.

530. Homicidio de la fidelidad y la defensa del
honor : le Meurtre de la fidélité et la défense
de l'honneur, où est racontée la triste et
pitoyable avanture du berger Philidon, et
les raisons de la belle et chaste Marcelle, ac-
cusée de sa mort *Paris, Jean Richer*,
1609, pet. in-12, v. f. fil. tr. dor. (*Niedrée.*) 20 fr.

Cette histoire est tirée de Don Quichotte; c'est l'épisode
de Marcelle et du berger Chrysostôme, nommé ici Philidon.
Ce premier essai de traduction française d'une partie du
célèbre roman espagnol a paru six ans avant la traduction de
la première partie de Don Quichotte, par C. Oudin.

531. Nouvelles de Michel de Cervantes, traduction nouvelle (par Pierre Hessein). *Amsterdam, E. Lucas*, 1731, 2 vol. in-12, fig.,
v. f. 10 fr.

532. La Narquoise Justine, lecture pleine de
récréatives aventures, et de morales raille-
ries contre plusieurs conditions humaines
(traduite de l'espagnol de Fr. Ubeda). *Paris,
A. de Sommaville*, 1636, in-8, mar. vert,
fil. à fr. tr. dor., chiffre. (*Niedrée.*) 30 fr.

Bel exemplaire.

533. Histoire et avantures de dona Rufine, fameuse courtisane de Séville, traduite de l'es-

pagnol (de D. Alonço de Castillo Solorçano).
*Amsterdam, Henri du Sauzet*, 1733, 2 tom.
en 1 vol. pet. in-12, fig., mar. vert, fil. tr.
dor., chiffre. (*Duru.*)               30 fr.

534. Les OEuvres de D. Francisco de Quevedo
Villegas, nouvelle traduction de l'espagnol
en françois. *Brusselle, Josse de Grieck*,
1698, 2 vol. in-12, fig. d'Harrèwyn, v. f. fil.
tr. dor. (*Capé.*)                       25 fr.

Les deux volumes contiennent : Le Coureur de nuit, l'A-
vanturier Buscon, les Lettres du chevalier de l'Epargne et
les Sept visions.

535. Histoire de don Pablo de Ségovie, surnommé l'avanturier Buscon, par don Francisco de Quevedo Villegas, traduite de l'espagnol et annotée par Germond de Lavigne.
*Paris, Warée*, 1843, in-8, v. f. fil. tr. dor.,
chiffre. (*Niedréc.*)               15 fr.

### 5. *Romans anglais, allemands, flamands, etc.*

536. Voyages du capitaine Lemuel Gulliver en
divers païs éloignez (traduits de l'anglois
de Swift, par Des Fontaines). *La Haye,
Swart*, 1741, 3 vol. in-12, fig., cart., non
rog.                                  10 fr.

Le troisième volume se compose du *Second voyage de
Brobdingnag* et du *Voyage des Sévarambes*, qui ne sont pas
de Swift.

537. Voyages de Gulliver (traduits de l'anglais
de Swift par Desfontaines). *Paris, Didot
l'ainé*, 1797, 2 vol. gr. in-18, fig., mar.
vert, compart. tr. dor. (*Duru.*)       60 fr.

Très-bel exemplaire en grand papier vélin, orné des figures avant la lettre et des eaux-fortes.

538. Histoire de Tom Jones, ou l'Enfant trouvé, traduction de l'anglois de Fielding par M. D. L. P. (de La Place). *Londres, Nourse,* 1750, 2 vol. in-12, fig. de Gravelot, mar. bl. fil. tr. dor. (*Reliure ancienne.*) 30 fr.

559. Histoire prodigieuse et lamentable de Jean Fauste, grand magicien, avec son testament, et sa vie espouvantable (traduite de l'allemand par V.-P. Cayet). *Amsterdam, Clément Malassis,* 1674, pet. in-12, mar. r. fil. tr. dor. (*Derome.*) 50 fr.

Très-joli exemplaire.

540. Werther, traduction de l'allemand de Goëthe par C. Aubry. *Paris, Didot jeune,* 1797, 2 vol. in-18, gr. pap. vél., fig. avant la lettre, demi-rel. mar. vert, non rog. 10 fr.

Exemplaire de Pixérécourt.

541. Werther, par Goëthe ; traduction nouvelle, précédée de considérations sur Werther par Pierre Léroux, accompagnée d'une préface par George Sand ; dix eaux-fortes de Tony Johannot. *Paris, Hetzel,* 1845, gr. in-8, fig. sur pap. de Chine, v. f. tr. dor., chiffre. (*Niedrée.*) 15 fr.

542. Wilhelmine, poëme héroï-comique, traduit de l'allemand de M. de Thümmel par Huber. *Leipzig, chez les héritiers de Weidmann et Reich,* 1769, pet. in-8, fig., mar. br. fil. à froid, tr. dor. (*Niedrée.*) 15 fr.

543. La Clef d'or, histoire merveilleuse du XV<sup>e</sup> siècle, traduite d'un manuscrit flamand de 1457. *Gand, Rousseau,* 1837, gr. in-8, demi-rel. mar. bl. 3 fr.

544. Tiel Wlespiegle, sa vie, ses faits et ses
merveilleuses finesses par lui faites, nouvellement corrigé et translaté de flamant en
françois, *Rouen, Seyer, s. d.* (1752), pet.
in-8, v. f. fil. tr. dor. (*Niedrée.*)       15 fr.

545. LES MILLE ET UNE NUITS, contes arabes
traduits en françois par Galland; édition
augmentée de plusieurs contes, traduits par
Destains. *Paris, Galliot*, 1822, 6 vol. in-8,
fig., demi-rel. mar. vert, tr. sup. dor., non
rog. (*Muller.*)                             150 fr.

Exemplaire en grand papier vélin orné des deux suites de
vignettes d'après Westall, avant la lettre; de celle de Marillier; des suites de figures d'après Deveria, Courtin et Chasselat, avant la lettre; et de plusieurs figures de la suite de
Smirke.

Cet exemplaire provient de la bibliothèque de M. de Saint-
Mauris.

## VI. FACÉTIES.

### 1. *Facéties écrites en latin.*

546. Poggii Florentini Facetiarum libellus uni-
cus. *Londini*, 1798, 2 vol. pet. in-12, mar.
bl. tr. dor. (*Duru.*)                        30 fr.

Exemplaire en papier de Hollande.

547. Les Contes de Pogge, Florentin, avec des
réflexions. *Amsterdam, F. Bernard*, 1712,
pet. in-12, titre gravé; mar. r. fil. tr. dor.
(*Trautz-Bauzonnet.*)                         40 fr.

548. Jocorum veterum ac recentium libri tres,
auctore Adriano Barlando. *Antuerpiæ, apud
Michaelem Hillenium Hoochstatanum*, 1529,
pet. in-8, mar. citr. fil. (*Vogel.*)         20 fr.

Édition rare. Exemplaire de Ch. Nodier, avec une note de
sa main.

549. Nugæ venales, sive Thesaurus ridendi et
jocandi. *Anno 1663, apud Neminem*, pet.
in-12, fig., v. jaspé. 5 fr.

## 2. *Facéties écrites en français.*

550. LES JOYEUSETEZ, FACECIES ET YOLASTRES
IMAGINACIONS de Caresme Prenant, Gauthier
Garguille, Guillot Gorju, Roger Bontemps,
Turlupin, Tabarin, Arlequin, Moulinet, etc.
*Paris, Techener*, 1831, 17 vol. in-16, v. f. fil.
tr. dor., chiffre. (*Closs.*) 320 fr.

551. LES OEUVRES DE M. FR. RABELAIS, contenant la vie, faicts et dicts héroïques de Gargantua et de son fils Pantagruel, avec la
Prognostication Pantagrueline. *S. l.*, 1556,
in-16, mar. r. fil., coins ornés, doublé de
mar. bl. très-riches compart. à petits-fers,
tr. dor. (*Bauzonnet-Trautz.*) 300 fr.

Édition rare, imprimée en très-jolis petits caractères.
L'exemplaire est grand de marges et parfaitement conservé.

552. Les OEuvres de M. Fr. Rabelais. *Lyon,
J. Martin*, 1608, in-12, vél. 10 fr.

553. OEuvres de François Rabelais, avec des
remarques historiques et critiques, par Le
Duchat ; nouvelle édition, augmentée de remarques nouvelles (par Gueullette). (*Paris*),
1732, 6 vol. in-8, gr. pap., fig., v. jaspé. 40 fr.

554. OEuvres de Fr. Rabelais. *Paris, L. Janet*,
1823, 3 vol. in-8, gr. pap. vél., fig. de Deveria sur pap. de Chine, demi-rel. mar. viol.
tr. marbrée. 35 fr.

555. Recherches bibliographiques et critiques

sur les éditions originales des cinq livres du
roman satirique de Rabelais et sur les différences de texte qui se font remarquer dans
le premier livre du Pantagruel et dans le
Gargantua, etc., par J.-Ch. Brunet, *Paris,
L. Potier,* 1852, in-8, gr. pap. vél., demi-
rel.; dos et coins de mar. r. tr. sup. dor.,
non rog. (*Capé.*)                          20 fr.

555 *bis.* Les Grandes et inestimables cronicques
du grant et énorme géant Gargantua. *Paris,
Silvestre,* 1845, pet. in-8, pap. de Hollande,
mar. r. fil. tr. dor., chiffre. (*Duru.*)  20 fr.

556. LA NAVIGATION DU COMPAGNON A LA BOU-
TEILLE. *Rouen, Robert et Jean Dugort frères,* 1545, in-16, fig. sur bois, mar. citr. fil.
doublé de mar. r. dent. tr. dor. ( *Bauzonnet.*)                                     300 fr.

Charmant exemplaire d'un livre fort rare. On sait que c'est
le même ouvrage que les *Navigations de Panurge,* qui ont
été données à la suite du deuxième livre de Rabelais, dans
l'édition de Dolet. 1542, et dans l'édition de Valence, 1547.

557. Rabelais ressuscité, récitant les faicts et
comportements admirables du très-valeureux
Grandgosier, roi de Place vuide, traduit de
grec affricain en françois par Thibaut le
Nattier. *Paris, Ant. Du Brueil,* 1614, pet.
in-12, mar. r. fil. tr. dor.                30 fr.

Exemplaire de Ch. Nodier.

558. La Lettre de Cornifleric, imprimee nouvellement. *Paris, Silvestre, s. d.,* in-12
goth., demi-rel. (*Réimpression.*)          5 fr.

Fac-simile exécuté par H. Joury.

559. Baliverneries, ou Contes nouveaux d'Eutrapel, autrement dit Léon Ladulfi. *Paris,*

*Estienne Groulleau*, 1548, in-16, pap. vél.,
mar. r. tr. dor. (*Niedrée.*)                60 fr.

Cette jolie réimpression, faite à Chiswick, sur les bords
de la Tamise, en 1815, n'a été tirée qu'à 100 exemplaires.
La reliure est ornée de riches et élégants compartiments.

560. MYTHISTOIRE BARRAGOUYNE DE FANFRELUCHE
ET GAUDICHON, trouvée depuis n'aguere
d'une exemplaire escrite à la main, de la
valeur de dix atomes pour la récréation de
tous bons Fanfreluchistes, auteur A, B, C,
D, etc. (par Guillaume des Autels). *Rouen,
Nicolas Lescuyer*, 1578, in-16, mar. r. fil.
tr. dor. (*Thouvenin.*)                150 fr.

Petit volume d'une insigne rareté. On ne connaît que cet
exemplaire, qui, à la vente Crozet, a été acquis par M. Aimé
Martin. Malheureusement il laisse à désirer ; il n'est pas très-
grand de marges, et bon nombre de feuillets ont été rac-
commodés.

561. LES TRIOMPHES DE L'ABBAYE DES CONARDS,
sous le résveur en decimes fagot abbé des
Conards, contenant les criées et proclama-
tions faites depuis son advènement jusques à
l'an présent ; plus l'ingénieuse lessive qu'ils
ont conardement monstrée aux jours gras en
l'an MDXL. *A Rouen, chez Loys Petit*, 1587,
pet. in-8, fig. sur bois, mar. pist. fil. tr. dor.
(*Bauzonnet.*)                350 fr.

Bel exemplaire de Ch. Nodier.
Opuscule facétieux, un des plus curieux et des plus singuliers monuments de la gaité de nos aïeux. (*Catal. Nodier.*)

562. Les Bigarrures du seignour des Accords
(Est. Tabourot). *Paris, Richer*, 1584, in-16,
fig. sur bois, mar. bl. fil. (*Reliure ancienne.*)                15 fr.

563. Les Bigarrures et touches du seigneur des
Accords (Est. Tabourot), avec les Apophtheg-

mes du sieur Gaulard et les Escraignes dijon-
noises. *Paris, J. de Houry*, 1662, in-12, v.
m. fil.                                          20 fr.

564. La Nouvelle fabrique des excellents traits
de vérité, livre pour inciter les resveurs tristes
et merancoliques (*sic*) à vivre de plaisir, par
Philippe d'Alcripe, sieur de Néri en Verbos.
*Imprimé cette année* (1732), pet. in-12, mar.
bl. fil. tr. dor. (*Bauzonnet-Trautz.*)   40 fr.

Cet exemplaire a appartenu au comte de Toulouse. On a
collé sur une des gardes du volume les armes de ce prince,
qui se trouvaient sur l'ancienne reliure.

L'exemplaire contient le carton de quatre feuillets, qui
manque quelquefois.

565. Procez et amples examinations sur la vie
de Carème-Prenant. *Paris*, 1605. — Traicté
de mariage entre Julian Peoger et Jacqueline
Papinet. *Lyon*, 1611. — La Copie d'un bail
faict par une jeune dame, etc. *Paris*, 1609.
— La Raison pourquoi les femmes ne portent
barbe au menton, etc. *Paris*, 1601 (et 4 autres pièces du même genre), pet. in-8, demi-
rel., dos et coins de mar. r., non rog.
(*Thompson.*)                                  20 fr.

566. Le Moyen de parvenir, œuvre contenant
la raison de tout ce qui a été, est et sera,
par Béroalde de Verville; publié par P.-L.
Jacob. *Paris, Techener*, 1841, 2 vol. pet.
in-8, pap. de Hollande, v. f. fil. tr. dor.,
chiffre. (*Niedrée.*)                          25 fr.

567. Thrésor des récréations, contenant histoires facétieuses et honnestes, propos plaisans
et pleins de guillardises, faicts et tours
joyeux, etc., le tout tiré de divers auteurs
trop fameux. *Douay, Baltazar Bellere*, 1616,

pet. in-12, v. f. fil. tr. dor. (*Bauzonnet.*)                          40 fr.

568. LES FANFARES ET COURVÉES ABBADESQUES
des Roule-Bontemps de la Haute et Basse-Co-
quaigne et dépendances, par J. P. A. *Cham-
léry, Pierre Dufour*, 1613, in-8, fig.; mar.
vert, fil. tr. dor. (*Reliure ancienne.*) 350 fr.

Livre des plus singuliers et des plus rares.
C'est un recueil de pièces en prose et en vers. Il contient :
1° Paradoxe poétique et discours facétieux du courtisan avanturier Pamphilades à damoiselle Glistérion (en vers); 2° Extrait des archives de la bazoche de Roule-Bontemps, et sentence contre le carnaval (en vers); 3° Palinodie de l'amant
(en vers): 4° Apologie problématiquement carnavalisée de la
bonne fillette Zophire (en prose); 5° Dialogue en rhythme
françoise et savoysienne, à six personnages et en quatre actes
(en vers).
Bel exemplaire de Gaignat.

569. Les Fantaisies de Bruscamblllle, contenant plusieurs discours, paradoxes, harangues et discours facécieux. *Paris, Florentin
Lambert* (Holl.), 1668, pet. in-12, mar. r.
fil. tr. dor. (*Ducastin.*)            60 fr.

Joli exemplaire.

570. Les OEuvres de Bruscambille, contenant
ses fantaisies, imaginations et paradoxes, et
autres discours comiques. *Rouen, Robert Sé-
journé*, 1629, in-12, v. f.            30 fr.

571. Les Pensées facécieuses, ou Bons mots de
Bruscambille. *Cologne, Ch. Savoret*, 1741,
in-8, demi-rel.                        10 fr.

572. Les Plaisantes idées du sieur Mistanguet,
docteur à la moderne, parent de Bruscambille; ensemble la généalogie de Mistanguet
et de Bruscambille. *Paris, Millot*, 1615,
in-8, mar. vert, fil. tr. dor. (*Bauzonnet-
Trautz.*)                              40 fr.

573. Les Facétieuses journées du sieur Favo-
ral, où sont plusieurs rencontres subtilles
pour rire en toutes compagnies. *Paris, J.
Corrozet*, 1618, pet. in-12, mar. r. fil. tr.
dor. (*Trautz-Bauzonnet.*)  50 fr.

Joli exemplaire d'un livre rare.

574. Recueil général des œuvres et fantaisies
de Tabarin, divisé en deux parties, contenant ses rencontres, questions et demandes
facétieuses, avec leurs réponses. *Paris, Ph.
Gaultier*, 1625, in-12, mar. bl. fil. tr. dor.
(*Trautz-Bauzonnet.*)  100 fr.

Bel exemplaire d'une édition rare. A la suite des deux
parties annoncées sur le titre, il s'en trouve une troisième intitulée : *Les Adventures et amours du capitaine Rodomont,
les Rares beautez d'Isabelle et les Inventions folastres de
Tabarin. Paris ; Ph. Gaultier,* 1625.

575. Plaisantes recherches d'un homme grave
sur un farceur, prologue tabarinique pour
servir à l'histoire littéraire et bouffonne de
Tabarin, par M. C. L. (Leber). *Paris, Cru-
pelet*, 1835, in-16, gr. pap. vél., mar. r. tr.
dor. (*Duru.*)  30 fr.

Tiré à 51 exemplaires. Un des 15 exemplaires grand co-
lombier vélin.

576. Les Rencontres, fantasies et coq-à-l'asnes
facétieux du baron Gratelard. *Troyes, Garnier, s. d.* (1738), in-12, demi-rel. v. vert,
non rog.  5 fr.

577. Les Délices, ou Discours joyeux et récréatifs, avec les plus belles rencontres et propos
sérieux tenus par tous les bons cabarets de
France, par Verloquet. *Paris, de l'imprimerie de J. de Bordeaux et de Jean Martin*,
1630. — Les Subtiles et facétieuses rencon-

tres de J.-B., disciple du généreux Verboquet. *Paris, J. Martin et Jean de Bordeaux*,
1630, pet. in-12, mar. or. fil. tr. dor. (*Trautz-
Bauzonnet.*)                               150 fr.

Bel exemplaire. C'est la meilleure édition et la plus rare de
ce recueil facétieux.

578. Les Subtiles et facécieuses rencontres de
J. B., disciple du généreux Verboquet, par
lui pratiquées pendant son voyage, tant par
mer que par terre. *Paris, J. Martin et Jean
de Bordeaux*, 1630, pet. in-12, mar. vert,
fil. tr. dor. (*Thompson.*)                 40 fr.

579. Recueil général des caquets de l'accou-
chée. *S. l.*, 1623, in-8, mar. vert, fil. tr. dor.
(*Thompson.*)                               30 fr.

Le titre a été réimprimé et le dernier feuillet est doublé.

580. Compromis, ou Contract d'association
passé entre deux g..... de Paris, qui ont pro-
mis et juré l'une à l'autre de faire moitié de
tout. *S. l. n. d.*, pet. in-8 de 8 pages, mar.
vert, fil. tr. dor. (*Bauzonnet-Trautz.*) 60 fr.

Pièce rarissime qui a sa place à côté du *Contenu de l'assemblée des dames de la confrairie du grand Habitavit* et *de
la Blanque des filles d'amour.*
Cette pièce n'est point datée, mais on peut supposer qu'elle
a été imprimée en 1621, le contrat portant cette date. Il existe
une autre édition de la même pièce, en plus petits caractères,
qui n'a que sept pages.
Bel exemplaire.

581. Le Tombeau de la mélancholie, ou le Vray
antidote et préservatif de messieurs les Tristes. *Rouen, J.-B. Besongne, s. d.*, in-12,
mar. r. fil. tr. dor. (*Niedrée.*)          30 fr.

582. Le Tombeau de la mélancholie, ou le
Vray moyen de vivre joyeux, par D. V. G.
*Rouen, J. Besongne*, 1639, in-12, vél. 10 fr

583. Le Facétieux réveille-matin des esprits
mélancoliques, ou Remède préservatif contre
les tristes. *Paris, Toussaint Quinet*, 1645,
in-8, titre gravé, mar. bl. compart. fil. tr.
dor. (*Niedrée.*) 40 fr.

584. Le Facécieux réveille-matin des esprits
mélancholiques, ou le Remède préservatif
contre les tristes. *Utrecht, Gisbert de Zyll*,
1662, pet. in-12, mar. r. fil. tr. dor. (*Trautz-
Bauzonnet.*) 60 fr.

Très-joli exemplaire.

585. Le Facétieux et agréable chasse-chagrin,
fournissant un très bon moyen aux mélancoliques de chasser l'unutile (*sic*) soin et la
pernicieuse tristesse, et de les envoyer aux
brutaux Américains et Indiens. *A Gaillar-
deville, chez Urbain le Joyeux*, 1679, pet.
in-12, mar. r. fil. tr. dor. (*Trautz-Bauzonnet.*) 50 fr.

Volume rare. Il est orné d'un joli titre gravé.

586. Le Gibecière de Mome, ou le Thrésor du
ridicule. *Paris, A. Robinot*, 1644, in-8, v.
ant. tr. dor. (*Ducastin.*) 30 fr.

587. Les Divertissements curieux, ou le Thrésor des meilleures rencontres et mots subtils
de ce temps. *Lyon, J. Huguetan*, 1654,
in-8, titre gravé, mar. r. fil. tr. dor. (*Reliure ancienne.*) 40 fr.

Exemplaire de Ch. Nodier.

588. Roger Bontemps en belle humeur, donnant aux tristes et aux affligez le moyen de
chasser leurs ennuis, et aux joyeux le secret

de vivre toujours contens, par M. ***. *Amsterdam, Pierre Mortier*, 1709, 2 vol. pet. in-12, mar. r. fil. tr. dor. (*Duru.*)  40 fr.

589. L'Enfant sans soucy divertissant son père Roger Bontemps et sa mère Boute-tout-cuire. *Villefranche, chez Nicolas l'Enjoué* (*Holl.*), 1682, pet. in-12, mar. r. fil. tr. dor. (*Bauzonnet-Trautz.*)  90 fr.
Charmant exemplaire.

590. La Compagnie agréable, contenant toute sorte d'histoires galantes, curieux divertissemens et autres, plaisantes narrations, pour chasser la mélancholie. *Paris, Cl. Barbin*, 1685, pet. in-12, titre gravé, mar. citr. fil. tr. dor. (*Koehler.*)  45 fr.
Exemplaire de Ch. Nodier.

591. Les Libertins en campagne, mémoires tirés du Père de la Joie, ancien aumônier de la reine d'Yvetot. *Imprimé au Quartier royal*, 1710, pet. in-12, fig., v. f. fil. tr. dor.  10 fr.

592. Histoire de la vie, grandes voleries et subtilitez de Guilleri et de ses compagnons, et de leur fin lamentable et malheureuse. *Troyes, Pierre Garnier*, s. d. (1728), pet. in-12, mar. bl. fr. dor. (*Duru.*)  20 fr.

593. Le Momus françois, ou les Avantures divertissantes du duc de Roquelaure, suivant les mémoires que l'auteur a trouvez dans le cabinet du maréchal d'H...; par le S. L. R.... *Cologne, Pierre Marteau*, 1761, pet. in-12, mar. bl. fil. tr. dor. (*Bauzonnet.*)  40 fr.
On a ajouté au volume une lettre autographe du duc de Roquelaure au duc de Valentinois, son neveu. Elle se termine

ainsi : « Comme *homme dangereux avec les femmes*, je n'ose me donner l'honneur d'escrire à ma belle princesse, mais je me flatte que vous ne désapprouverez pas que je l'assure de mes très-humbles respects. »

594. La Lecture divertissante, ou Recueil d'histoires, bons mots et discours plaisants. *Imprimé dans la belle saison, par Jacques le Gaillard*, s. d., pet. in-12, v. f.        8 fr.

595. Recueil de plusieurs sermons récréatifs. *Cologne, Pierre le Grand*, 1704, pet. in-12, mar. vert, tr. dor. (*Duru.*)            40 fr.

Petit volume fort rare dont plusieurs pièces ont été reproduites dans un recueil plus moderne. Quant à des éditions partielles d'une date plus ancienne, on n'en connaît pas.

Il contient : *Sermon en faveur des c....; — Sermon en l'honneur de Bacchus; — Sermon du curé de Colignae; — Sermon du R. P. Protoplaste; — Sermon du P. Ange; — Sermon d'un cordelier à des voleurs.*

596. Règlements du Grand ordre, ou de l'Archiconfrérie des dévotes du temps et à la mode, dressés par messire Nicaise Pattelin, confesseur en chef, directeur bannal et débrouilleur des consciences. Pet. in-8, v. f. fil. tr. dor. (*Niedrée.*)            50 fr.

Manuscrit du commencement du XVIII<sup>e</sup> siècle. Il se compose d'écrits satiriques contre les dévotes. Après la pièce indiquée ci-dessus, se trouvent les suivantes : Règlements particuliers pour les Sœurs du Grand ordre de la dévotion aisée, qui vivent dans les cloîtres, par messire Gilles Grillard de Bonaccord, auditeur des contes et joueur de gobelets. — Bibliothèque du Grand ordre des dévotes du temps et à la mode. — Miroir alphabétique des dévotes du temps et à la mode, etc.

La *Bibliothèque du Grand ordre des dévotes* se compose de 60 à 80 ouvrages dont les titres sont des plus singuliers. Nous citerons celui-ci :

La *Grue spirituelle, pour guinder les âmes dévotes par delà le troisième ciel, par le R. P. Elie de l'Ascension. A Lunéville, chez Mathurin du Sault, rue des Poulies, à la Manivelle.*

597. Les Misères de ce monde, ou Complaintes facétieuses sur les apprentissages de différents

arts et métiers de la ville et fauxbourg de Paris (par Dufresne). *Londres et Paris, Cailleau*, 1783, in-12, dos et coins de mar. or., non rog., tête dorée. (*Héring.*) 12 fr.

598. Amusémens sérieux et comiques (par Dufresny). *Amsterdam, E. Roger*, 1709, in-12, fig., v. f. fil. tr. dor. (*Simier.*) 8 fr.

599. Nouveautés dédiées aux gens de différents états, depuis la charrue jusqu'au sceptre (par Bordelon). *Paris*, 1724, 2 vol. in-12, mar. r. fil. tr. dor. (*Reliure ancienne.*) 15 fr.

600. Réflexions sur les grands hommes qui sont morts en plaisantant (par Deslandes). *Amsterdam*, 1758, pet. in-12, v. f. fil. tr. dor., chiffre. (*Nicdrée.*) 15 fr.

601. Almanach du diable (par l'abbé des Fontaines). *Aux Enfers, chez Gog*, 1736, in-4, demi-rel. (*Manuscrit.*) 5 fr.

602. Almanach nocturne, à l'usage du grand monde, pour l'année 1740. *Nuitz, J. Luna*, 1740. — Almanach philosophique. *Goa*, 1767, in-18, v. m. 3 fr.

603. Chronique burlesque, ou Recueil d'histoires divertissantes et aventures comiques. *Londres, P. du Noyer*, 1742, pet. in-12, demi-rel. v. f. 15 fr.

604. Le Calendrier des foux (par Coquelet). *A Stultomanie, Mathurin Petit-Maître*, 7737, pet. in-24, cart. 2 fr.

605. Les Étrennes de la Saint-Jean (par le comte de Caylus). *Troyes, veuve Oudot*, 1742, in-12, portr., mar. vert, fil. tr. dor. (*Derome.*) 30 fr.
Exemplaire en grand papier.

606. Les Étrennes de la Saint-Jean (par le

comte de Caylus). *Troyes, veuve Oudot*,
1742, in-12, portr., v. f. (*Aux armes de Richelieu.*)                          5 fr.

607. Mémoires de l'Académie des colporteurs
(par de Caylus). (*Paris, de l'imprimerie
ordinaire de l'Académie*), 1748, pet. in-8,
9 fig., mar. r. fil. tr. dor. (*Trautz-Bauzonnet.*)                             35 fr.

608. Mémoires de l'Académie des sciences, in-
scriptions, belles-lettres, beaux-arts, etc.,
nouvellement établie à Troyes en Cham-
pagne (par Grosley et Lefèvre). *Troyes et
Paris*, 1756, 2 tom. en 1 vol. in-12, fig.,
mar. r. fil. tr. dor. (*Derome.*)        20 fr.

609. L'Art de désopiler la rate (par Panckoucke), revu et augmenté par J. M. F. A.
L. D. C. (Manoury de Caen), libraire. *Venise,
Antonio Pasquinetti*, 178875, 2 part. en
1 vol. in-12, v. éc. fil. tr. dor.        15 fr.

610. L'Art de désopiler la rate (sive de modo
c.......prudenter), en prenant chaque feuillet
pour se t...... le d....... *Gallipolli de Cala-
bre*, 175886, in-12, demi-rel.            10 fr.

611. Almanach nouveau de l'an passé, ou l'Almanach puce. *Genève, s. d.*, in-18, demi-rel.
v. f., non rog.                          3 fr.

612. Les Folies du marquis de Brunoy, ou ses
Mille et une extravagances. *Paris, Lerouge*,
1804, 2 vol. in-12, fig., v. f. fil., non rog.
(*Muller.*)                             18 fr.

613. Amusette des grasses et des maigres, contenant douze douzaines de calembourgs, avec
les fariboles de M. Plaisantin, les subtilitez
de la comtesse Tation et les remarques de

l'abbé Vuc. *Paris, s. d.,* in-18, fig., demi-
rel.                                              3 fr.

614. Almanach du Trou-Madame, jeu très-an-
cien et très-connu, et la cause de presque
toutes les révolutions. *Paris, Cuchet,* 1791,
in-18, mar. citr. fil., non rog. (*Nie-
drée.*)                                          25 fr.

615. Marottes à vendre, ou Triboulet tabletier,
dont la gibecière, après avoir été égarée pendant plusieurs siècles, nous est enfin heureu-
sement parvenue, munie d'un rare assemblage de hochets, breloques, colifichets, etc.
*Au Parnasse burlesque, l'an premier de la
nouvelle ère* (*Londres, Triphook*), 1812,
in-12, demi-rel., dos et coins de mar. bl.,
non rog. (*Niedrée.*)                            15 fr.

616. Le Conservateur de la santé, volume in-
comparable, renfermant l'art de péter et de
c...., suivi de pièces odoriférantes sur diverses matières de bon goût. *A Moncuq
(Guyenne), s. d.* — Le Nouveau Merdiana.
*Merdianopolis, s. d.,* gr. in-8, fig. de Langlois, mar. vert, fil. tr. dor.                  60 fr.

Le premier ouvrage est imprimé sur papier vert, le second
sur papier vélin jaune. On y a ajouté les lettres de la princesse
Palatine (duchesse d'Orléans, mère du régent) à l'électrice
de Hanovre. Ces deux lettres, que les éditeurs des mémoires
de la duchesse d'Orléans (1823 et 1832) avaient rejetées de la
correspondance de la princesse, à cause des plaisanteries in-
croyables qui s'y trouvent, ont été publiées et tirées seulement à 10 exemplaires sur papier rose, par les soins de M. G.
Brunet de Bordeaux.

### 1. *Facéties écrites en italien, etc.*

617. Facéties et motz subtilz d'aucuns excellens
espritz et très-nobles seigneurs, en françois

et en italien (par Loys Dominichi). *Lyon,
Rob. Granjon*, 1559, in-8, mar. r. fil. tr.
dor. (*Trautz-Bauzonnet.*)     100 fr.

Bel exemplaire de la plus ancienne édition de cette traduction.
Le français est en caractères de civilité et l'italien en lettres
italiques.

618. Le Patron de l'honneste raillerie, ou le
Fameux Arlote, contenant les brocards, bons
mots, agréables tours et plaisantes rencontres de Piovano Arloto. *Paris, G. Clouzier*,
1650, in-8, mar. bl. fil. tr. dor.     30 fr.

619. Le Bravure del capitano Spavento.... Les
Bravacheries du capitaine Spavente de Fr.
Andreini...; traduittes par J. D. F. P. (J. de
Fonteny). *Paris, Le Clerc*, 1608, in-12, demi-
rel. (*Rogné en tête.*)     5 fr.

620. Les Visions admirables du pèlerin de Parnasse, ou Divertissement des bonnes compagnies et des esprits curieux, par un des beaux
esprits de ce temps. *Paris, Jean Gesselin*,
1635, in-8, mar. or. fil. compart. tr. dor.
(*Thompson.*)     40 fr.

Bel exemplaire de Ch. Nodier.

621. Le Grand mystère, ou l'Art de méditer
sur la garde-robe, par l'ingénieux docteur
Swift. *La Haye*, 1729, pet. in-8, mar. r. fil.
tr. dor. (*Derome.*)     18 fr.

### 3. *Dissertations singulières.*

#### A. Différents sujets.

622. Questions diverses, et Responses d'icelles,
divisées en trois livres, assavoir : Questions
d'amour; Questions naturelles; Questions

morales et politiques ; nouvellement traduites
de tuscan en françoys. *Lyon, veuve Gabriel
Cotier,* 1570, in-16, mar. r. fil. tr. dor., chif-
fré. (*Capé.*) 30 fr.

623. Regrets facétieux et plaisantes harengues
funèbres sur la mort de divers animaux,
pour passer le temps et resveiller les esprits
mélancholiques; traduictes de toscan (d'Or-
tensio Lando) en françois, par Thierri de Ti-
mofille (François d'Amboise). *Paris, Nicolas Chesneau,* 1576, in-16, mar. r. fil. tr.
dor. 20 fr.

624. L'Éloge de la folie, traduit du latin d'É-
rasme par Gueudeville; édition revue et corrigée (par Meunier de Querlon). S. *l.,* 1751,
in-12 tiré in-4, fig. d'Eisen, mar. vert, dent.
tr. dor. 50 fr.

Bel exemplaire en grand papier, avec les encadrements tirés en rouge. Le dos et les plats de la reliure sont ornés de
marottes.

625. L'Honnesteté des hauts-de-chausses, pour-
points et casaques débordées, avec la bien-
séance des robes et cottes des femmes débordées. S. *l. n. d.* (*commencement du
XVII^e siècle*), pet. in-8, demi-rel. mar. br.,
non rog. 15 fr.

626. Histoire des révolutions de la barbe des
Français, depuis l'origine de la monarchie
(par Molé). *Paris, Ponthieu,* 1826, in-24,
pap. de Holl., v. f. fil. tr. dor., non rog.,
chiffre. 5 fr.

Edition publiée par Ch. Motteley à l'imitation des Elsevier.

627. LIII arrests d'amours (par Martial d'Auvergne), Aresta amorum, accuratissimis Benedicti Curtii Symphoriani commentariis accommodata. *Rouen, Raphael du Petit-Val*, 1587, in-16, v. f. (*Reliure ancienne.*)   15 fr.

Exemplaire de Ch. Nodier.

628. Almanach perpétuel d'amour, selon les observations astronómiques de Cupidon, diligemment supputé et réduit au méridion du cœur, par Joly Passioné, professeur ès mathématiques d'amour. *A l'Isle d'Adonis, par Fidelle Soupirant, à la rue des Belles, à l'enseigne de Vénus, l'an 1681*, pet. in-12, mar. vert, fil. tr. dor. (*Trautz-Bauzonnet.*)   40 fr.

629. Joannis Meursii Elegantiæ latini sermonis, seu Aloisia Sigæa Toletana de Arcanis Amoris et Veneris (auctore N. Chorier). *Lugduni Batavorum, ex typis Elzevirianis (Parisiis, Barbou)*, 1757, 2 tom. en 1 vol. pet. in-8, v. f. fil. dent. tr. dor. (*Niedrée.*)   25 fr.

630. Le Premier acte du synode nocturne des Lemanes, Unelmanes, Propetides à la ruine des biens, vie et honneur de Callianthe (par Guill. Reboul). 1608, in-12, cart.   10 fr.

Réimpression faite à Londres en 1852 et tirée à 60 exemplaires.

631. Histoire du prince Apprius, extraite des Fastes du monde depuis la création, manuscrit persan trouvé dans la bibliothèque de Shah-Hussain, roi de Perse...; traduction

françoise par M. Esprit (Beauchamp). *A Constantinople*, 1729, in-12, mar. r. fil. tr. dor.,
non rog. (*Bauzonnet-Purgold*.) 20 fr.
Exemplaire de Ch. Nodier, non rogné.

632. Cléon, rhéteur cyrénéen, ou Apologie
d'une partie de l'histoire naturelle; traduit
de l'italien. *Amsterdam*, 1770, pet. in-12,
mar. r. fil. tr. dor. 12 fr.

633. L'Éloge des tétons, ouvrage curieux, galant et badin; seconde édition. *Cologne, à
l'Enclume de la Vérité*, 1764, pet. in-8,
mar. r. fil. tr. dor. (*Reliure ancienne*.) 12 fr.

634. Tromperies dont usent les mieux affétées
courtisanes à l'endroict d'un chacun, princi-
palement des jouvenceaux desbauchez qu'elles
attirent en leurs filets...; traduit d'italien en
françois (de P. Aretin). *Paris, P. Chevillot*,
1580, pet. in-12, mar. r. fil. tr. dor. (*Reliure
ancienne*.) 30 fr.
Petit volume rare. La marge du haut a été refaite à plusieurs feuillets.

635. Pornodidascalus, seu Colloquium muliebre
Petri Aretini, ex italico in hispanicum ser-
monem vers. a F. Xuares, et de hispan. in
latinum a C. Barthio. *Cigneæ*, 1660, in-8,
v. f. fil. tr. dor. (*Capé*.) 15 fr.

C. Traités sur les femmes, le mariage, etc.

636. De la Bonté et mauvaistié des femmes,
par Jean de Marconville, gentilhomme per-
cheron. *Paris, J. Dallier*, 1566, in-8, v. f.
fil. (*Kœhler*.) 15 fr.

637. DE LA BEAUTÉ, discours divers pris sur
deux fort belles façons de parler, desquelles

l'Hébrieu et le Grec usent...; avec la Paulc-
graphie, ou Description des beautez d'une
dame tholosaine, nommée la Belle Paule,
par G. de Minut. *Lyon, Honorat,* 1587, in-8,
mar. vert, fil. tr. dor. ( *Reliure ancienne.* ) 150 fr.

Bel exemplaire de Girardot de Préfond et de Méon.

Ouvrage des plus rares et des plus singuliers. La première
partie contient de précieux détails sur les usages et les modes
de nos aïeux ; la deuxième partie est consacrée à l'éloge de
Paule du Vigaier, dame de Toulouse. S'il faut en croire son
biographe, Paule était si belle, que sa présence dans les rues
de la ville causait une émeute : tant le peuple s'empressait
pour la voir. L'auteur donne une description minutieuse de
toutes les perfections dont son héroïne était douée. Les yeux,
le nez, la bouche et toutes les autres parties de sa personne,
sans en omettre aucune, sont l'objet d'un chapitre particulier.

638. Alphabet de l'imperfection et malice des
femmes, par Jacques Olivier. *Paris, J. Pe-
tit-Pas,* 1619, pet. in-12, v. f. fil. tr. dor.
(*Niedrée.*) 20 fr.

639. Alphabet de l'excellence et perfection des
femmes, contre l'infâme Alphabet de leur
imperfection et malice, par le chevalier Les-
cale. *Paris, Nicolas de la Vigne,* 1631, pet.
in-12, mar. bl. tr. dor. (*Duru.*) 35 fr.

640. Hippolytus redivivus, id est remedium
contemnendi sexum muliebrem. *S. l.,* 1644,
pet. in-12, v. m. fil. tr. dor. 3 fr.

641. Essai satirique et amusant sur les vieilles
filles, traduit de l'anglois par Sibille. *Paris,
Le Tellier,* 1788, 2 vol. in-12, br. 5 fr.

642. L'Ordre de chevalerie des cocus réformez,
nouvellement establis à Paris, la cérémonie
qu'ils observent en prenant l'habit, les sta-
tuts de leur ordre, etc. *S. l.,* 1624, in-8,
mar. vert, tr. dor. (*Duru.*) 50 fr.

Facétie rare. Exemplaire aux armes du marquis de Coislin.

643. Les Priviléges du cocuage, dialogue ; ouvrage utile et nécessaire tant aux cornards actuels qu'aux cocus en herbe. *Cologne*, 1698, in-12, v. rose, tr. dor. (*Simier*.) 20 fr.
Exemplaire grand de marges.

644. Sermon pour la consolation des cocus, suivi de plusieurs autres. *Amboise, J. Coucou*, 1751, in-12, demi-rel. v. f., non rog. 5 fr.

645. Anecdotes contre les cocus, ou Dissertations sur les cornes antiques et modernes, ouvrage philosophique. *Paris, s. d.*, in-8, demi-rel. mar. r., non rog. (*Thouvenin*.) 5 fr.

646. Almanach des cocus, ou Amusements pour le beau sexe, pour l'année 1741. *A Constantinople, de l'imprimerie du Grand-Seigneur*, 1741, in-12, fig., v. f. fil. tr. dor. 10 fr.

647. Dissertation étymologique, historique et critique sur les diverses origines du mot *cocu*, par un membre de l'académie de Blois. *Blois*, 1835, in-18, mar. citr. fil. tr. dor. 20 fr.
Tiré à 71 exemplaires. C'est un des 21 sur papier jaune.

## VII. PHILOLOGIE.

### 1. Critique.

648. Mémoires de littérature (recueillis par Sallengre). *La Haye, Du Sauzet*, 1715, 4 part. en 2 vol. in-12, v. f. fil. tr. dor. (*Koehler*.) 15 fr.

649. Variétés historiques, physiques et litté-

raires, ou Recherches d'un savant, contenant plusieurs pièces curieuses et intéressantes (publiées par Boucher d'Argis). *Paris*, *Nyon*, 1752, 6 part. en 3 vol. in-12, v. m.   12 fr.

650. Nouveaux Mémoires d'histoire, de critique et de littérature, par l'abbé d'Artigny. *Paris*, *Debure*, 1749, 7 vol. in-12, v. m. fil.   15 fr.

651. Le Je ne sai quoi, par C. D. S. P. (Cartier de St-Philip). *La Haye*, 1723, 2 tom. en 1 vol. in-12, vél.   5 fr.

652. Petit Réservoir, contenant une variété de faits historiques et critiques, de littérature, de morale et de poësies, etc., recueil périodique. *La Haye*, *J. Néaulme*, 1750, 100 numéros en 5 vol. in-12, v. m.   15 fr.

On trouve dans le tome v de ce recueil les mémoires et lettres pour servir à l'histoire de Ninon de l'Enclos (par Douxménil).

653. Amusements philologiques, ou Variétés en tous genres, 3ᵉ édition, par G. P. (Gabr. Peignot) Philomneste. *Dijon*, *Lagier*, 1842, in-8, demi-rel. v. f.   7 fr. 50 c.

654. Le Livre des singularités, par G. P. (Gabr. Peignot) Philomneste. *Dijon*, *Lagier*, 1841, in-8, demi-rel. v. f. (*Closs.*)   6 fr.

## 2. Satires.

655. Titi Petronii Arbitri Satyricon, ex optimis exemplaribus emendatum. *Parisiis*, *A. Renouard*, 1797, 2 tom. en 1 vol. in-18, pap. vél., mar. r. tr. dor. (*Duru.*)   15 fr.

656. Satyre de Pétrone, par M. de Boispréaux (Du Jardin). *La Haye, J. Néaulme*, 1742, 2 vol. in-8, fig., mar. vert, fil. tr. dor. (*Reliure ancienne.*)　20 fr.

657. Epistolarum obscurorum virorum ad Dom. M. Ortuinum Gratium volumina II; accesserunt huic editioni Epistola Benedicti Passavantii ad D. Petrum Lysetum, et la Complainte de Pierre Lyset sur le trépas de son feu nez. *Londini, impensis Henrici Clementis*, 1710, in-12, mar. r. fil. tr. dor. (*Bauzonnet-Trautz.*)　30 fr.

658. Le Grand dictionnaire des prétieuses, historique, poétique, géographique, cronologique et armoirique, etc., par de Somaize (avec la clef). *Paris, J. Ribou*, 1661, 3 part. en 2 vol. pet. in-8, front. gr., v. f. fil. tr. dor. (*Bauzonnet-Trautz.*)　60 fr.

659. Histoire du temps, ou Relation du royaume de Coqueterie (par Hédelin d'Aubignac). *Paris, Charles de Sercy*, 1654, pet. in-12, mar. r. tr. dor. (*Duru.*)　20 fr.

Avec la carte.

660. Nouvelle allégorique, ou Histoire des derniers troubles arrivez au royaume d'Éloquence (par Furetière). *Suivant la copie imprimée à Paris, chez Guillaume de Luyne*, 1658, pet. in-12, fig., mar. r. filets entrelacés, tr. dor. (*Bauzonnet-Trautz.*)　50 fr.

Très-bel exemplaire de Ch. Nodier.
Ce volume fort rare de cette édition, et fort joli sous le rapport typographique, doit être sorti des presses de Jean Elsevier.

661. Jean danse mieux que Pierre, Pierre

danse mieux que Jean , ils dansent bien tous
deux. *Tétonville, Jean Patinet*, 1719, 3 vol.
in-12, vél.                                     20 fr.



662. Les Récréations des Capucins, ou Description historique de la vie que mènent les Capucins pendant leurs récréations. *La Haye*,
1738, pet. in-12, demi-rel., dos et coins de
mar. r., non rog. (*Capé.*)            15 fr.

663. Le Colporteur, histoire morale et critique,
par de Chevrier. *Londres, J. Nourse, l'an
de la Vérité.* — Les Amusements des dames
de B*** (par le même). *Rouen, s. d.*, 3 part.
in-12, mar. vert, fil. doublé de mar. r. dent.
tr. dor. (*Reliure ancienne.*)           10 fr.

664. Relation véritable et remarquable du grand
voyage du pape en paradis et en enfer, par
l'abbé Feller (Fiévée) ; suivie de la Transla-
tion du clergé aux enfers, par le cardinal de
Montmorency, ou la Révolution infernale.
*Paris, Fiévée, s. d.*, in-18, pap. vél., mar.
bl., non rog. (*Bauzonnet.*)             15 fr.

665. Le Conte du tonneau, contenant tout ce
que les arts, les sciences ont de plus sublime
et de plus mystérieux , avec plusieurs autres
pièces très-curieuses, par le docteur Swift,
traduit de l'anglois (par Van Effen). *La Haye,
H. Scheurleer*, 1721, 2 vol. in-12, fig., mar.
bl. fil. tr. dor. (*Thouvenin.*)           50 fr.

### 3. Proverbes.

666. Proverbes et dicts sententicux, avec l'interprétation d'iceux, par Charles de Bouvelles, chanoine de Noyon. *Paris*, *S. Nyvelle*, 1557, pet. in-8, mar. vert, tr. dor.   20 fr.

667. Proverbes et dictons populaires, avec les dits du mercier et des marchands, et les crieries de Paris aux XIII<sup>e</sup> et XIV<sup>e</sup> siècles, publiés d'après les manuscrits de la bibliothèque du Roi par Crapelet. *Paris, Crapelet*, 1831, gr. in-8, jésus vél., demi-rel., dos et coins de mar. r., non rog.   12 fr.

668. L'Étymologie, ou Explication des Proverbes françois, par Fleury de Bellingen. *La Haye, Adrian Vlacq*, 1656, pet. in-8, mar. r. tr. dor. (*Duru.*)   30 fr.

669. Les Illustres proverbes historiques, ou Recueil de diverses questions curieuses pour se divertir agréablement dans les compagnies. *Paris, P. David*, 1655, pet. in-12, bas. 3 fr.

670. La Comédie des proverbes, pièce comique (par Cramail, comte de Montluc). *Paris, Guignard*, 1665, in-12, v. m.   5 fr.

671. Proverbes en rimes, ou Rimes en proverbes, tirés en substance tant de la lecture des bons livres que de la façon ordinaire de parler, par Le Duc. *Paris, G. Quinet*, 1665, 2 tom. en 1 vol. in-12, mar. r. tr. dor. (*Duru.*)   30 fr.

672. Le Livre des proverbes français, par Leroux de Lincy, précédé d'un Essai sur la philosophie de Sancho Pança, par Ferdinand

Denis. *Paris*, *Paulin*, 1842, 2 vol. in-12,
demi-rel., dos et coins de mar. r., non rog. 6 fr.

673. ANTONII CORNAZANI QUOD DE PROVERBIORUM
ORIGINE INSCRIBITUR OPUS. *Impressum Ml'i
(Mediolani) per Petrum Martirem de Man-
tegatiis*, 1503, pet. in-4, mar. r. fil. tr. dor.
*(Bauzonnet-Trautz.)* 120 fr.

Bel exemplaire de cette première et rare édition.

674. Proverbii di messer Antonio Cornazano in
facetie. *Parigi*, *Didot*, 1812, in-12, pap.
vél., cart., non rog. 10 fr.

### 4. *Bons mots, ana, pensées, etc.*

675. Passe-temps honneste, recueilly des faits
et propos de plusieurs princes, philosophes
et hommes seignalez, pour récréer toute
bonne compagnie. *Paris*, *Richard*, 1579,
in-16, mar. r. tr. dor. *(Capé.)* 20 fr.

676. Recueil des bons contes et des bons mots,
de leur usage, de la raillerie des anciens et
de la raillerie des railleurs de notre temps
(par de Caillières). *Paris, S. Mabre Cra-
moisy*, 1693, in-12, demi-rel. mar. n. 5 fr.

677. Dictionnaire d'anecdotes, de traits singuliers et caractéristiques, bons mots, naïvetés,
saillies, etc., etc. *Paris, Lacombe*, 1767,
2 vol. in-12, demi-rel., v. 6 fr.

678. Nouveau dictionnaire d'anecdotes, ou l'Art
de se désennuyer. *Liège, Lemarié*, 1786,
2 vol. in-12, v. f. fil. tr. dor., chiffre. *(Niedrée.)* 25 fr.

679. Le Répertoire anecdotique, ou Recueil
d'anecdotes nouvelles. *Paris, Marel*, 1797,

2 vol. in-12, demi-rel. v. f., non rog. (*Si-mier.*) 5 fr.

680. Encyclopédiana, ou Dictionnaire encyclo-pédique des ANA. *Paris, Panckoucke,* 1791, in-4, demi-rel. mar. r. 15 fr.

681. Encyclopédiana, recueil d'anecdotes an-ciennes, modernes et contemporaines. *Paris, Paulin,* 1843, gr. in-8 à 2 col., demi-rel. mar. r. 10 fr.

682. Le Choix des bons mots, ou les Pensées des gens d'esprit sur toutes sortes de sujets. *Amsterdam, chez l'Auteur,* 1709, pet. in-8, v. f. fil. tr. dor. (*Capé.*) 10 fr.

683. Poggiana, ou la Vie, le caractère, les sen-tences et les bons mots de Pogge, Florentin. *Amsterdam, P. Humbert,* 1710, 2 tom. en 1 vol. in-12, porir., demi-rel., dos et coins de mar. r., non rog. (*Bauzonnet.*) 15 fr.

684. Scaligerana, Thuana, Perroniana, Colome-siana, Pithœana, avec des notes (par For-mey). *Amsterdam,* 1740, 2 vol. in-12, demi-rel. mar. r., non rog. (*Petit.*) 15 fr.

685. Perroniana et Thuana, ou Pensées judi-cieuses, bons mots, etc., du cardinal Du Per-ron et du président De Thou. *Cologne,* 1694, pet. in-12, vél. 3 fr.

686. Ménagiana, ou les Bons mots et remarques critiques, historiques, morales et d'érudition, de Ménage (publié et augmenté par La Mon-noye). *Amsterdam,* 1762, 4 vol. pet. in-12, mar. vert, tr. dor. (*Duru.*) 50 fr.

Cette édition renferme les passages supprimés dans l'édi-tion de Paris.

687. Valesiana, ou les Pensées critiques, his-

toriques et morales, et les poésies latines de
Monsieur de Valois, recueillies par de Valois,
son fils. *Paris, Florentin*, 1694, in-12, fig.,
vél. 3 fr.

688. Mélanges d'histoire et de littérature, par
de Vigneul-Marville ( Bonaventure d'Ar-
gonne). *Paris, Claude Prudhomme*, 1725,
3 vol. in-12, mar. r. fil. tr. dor. (*Reliure
ancienne.*) 60 fr.

Bel exemplaire.

689. Ducatiana, ou Remarques de feu M. Le
Duchat sur divers sujets d'histoire et de littérature, recueillies dans ses manuscrits et mises en ordre par M. F. (Formey). *Amsterdam, P. Humbert*, 1738, 2 tom. en 1 vol.
pet. in-8, fig., v. f. fil. tr. dor. (*Bauzonnet.*) 20 fr.

690. Gasconiana, ou Recueil des bons mots,
des pensées les plus plaisantes et des rencontres les plus vives des Gascons. *Amsterdam*,
1708, pet. in-12, fig., vél. 8 fr.

Joli exemplaire.

691. Le Passe-temps agréable, ou Nouveau
choix de bons mots, de pensées ingénieuses
ou rencontres plaisantes..., enrichi d'une élite
des plus vives gasconnades. *Rotterdam, Ho-
fhout*, 1715, pet. in-8, mar. bl. tr. dor.
(*Duru.*) 30 fr.

692. Des Délassements d'un galant homme, ou
Fruits agréables de la lecture et de la conversation, recueil de bons mots, avantures, pièces fugitives, etc., par l'abbé S. M. D. C.
(Saint-Martin de Chassonville). *Amsterdam,*

*Boussière*, 1742, in-12, mar. bl. tr. dor.,
chiffre. (*Duru.*)                          15 fr.

693. Souvenirs d'un homme du monde, ou Recueil de pensées diverses, d'observations, de
bons mots, de faits singuliers, d'anecdotes, etc. *Leipsick et Paris*, 1789, 2 vol.
in-12, v. f., non rog. (*Koehler.*)          12 fr.

694. La Gaîté patriotique, ou Choix de bons
mots, faits singuliers et facéties ingénieuses, occasionnés par la Révolution française.
*S. l.*, 1790, in-18, demi-rel. v. f.          5 fr.

695. Predicatoriana, ou Révélations singulières
et amusantes sur les prédicateurs, par Philomneste (Gab. Peignot). *Dijon*, *Lagier*,
1841, in-8, demi-rel. v. f. (*Niedrée.*)    7 fr.

696. Emblèmes d'Alciat, de nouveau translatez en françois, vers pour vers jouxte les latins. *Lyon*, *G. Rouille*, 1564, in-8, v. f. fil.
dent. tr. dor. (*Bauzonnet-Trautz.*)        25 fr.

### 5. *Emblèmes.*

697. Le Théâtre des bons engins, auquel sont
contenuz cent emblèmes moraulx, composé
par Guillaume de La Perrière, Tolosain. *Paris*, *Denys Janot*, *s. d.* (1539), pet. in-8,
fig. sur bois, mar. r. fil. tr. dor. (*Bauzonnet-
Trautz.*)                                      80 fr.

698. Emblèmes d'amour, illustrez d'une explication pour entendre le sens moral de chaque
emblème. *S. l. n. d.*, très pet. in-fol., 50 fig.,
cart. (*Bauzonnet.*)                          20 fr.

699. Linguæ vitia et remedia, emblematice expressa per D. Antonium a Burgundia. *An-*

*tuerpiæ, vidua Cnobbaert,* 1652, in-16 obl.,
96 jolies fig., v. f. fil. (*Simier.*)    15 fr.

700. Les Colloques d'Érasme, nouvelle traduction par Gueudeville. *Leide, Vander Au,*
1720, 6 tom. en 4 vol. in-12, fig., demi-rel.,
dos et coins de mar. r., non rog.    20 fr.

### VIII. DIALOGUES ET ENTRETIENS.

701. Les Dialogues de Jaques Tahureau, non
moins profitables que facétieux. *Paris, G.
Buon,* 1574, in-16, mar. r. fil. tr. dor. (*Niedrée.*)    25 fr.

702. Entretiens de morale, par Mlle de Scudéry. *Paris,* 1692, 2 vol. in-12, mar. r. fil.
tr. dor. (*Reliure ancienne.*)    12 fr.

703. Jeux d'esprit et de mémoire, ou Conver-
sations plaisantes avec des personnes les plus
distinguées de l'État par leur génie et leur
rang, avec quelques particularitez qui se sont
passées sous le règne de Louis le Grand, par
P. M. L. M. D. C. (J. Brodeau, marquis de
Châtres). *Cologne, Frédéric Lejeune,* 1694,
in-12, mar. bl. tr. dor. (*Duru.*)    20 fr.

704. Les Héros de roman, dialogue à la manière de Lucien. In-4 de 26 pages.    250 fr.

Manuscrit autographe de Boileau. Ce manuscrit est tout
couvert de ratures, corrections et additions.

### IX. ÉPISTOLAIRES.

705. Lettres choisies du sieur de Balzac. *Amsterdam, les Elzeviers,* 1678, pet. in-12,
mar. br. fil. (*Thouvenin.*)    50 fr.

Exemplaire non rogné.

706. Lettres de Gui-Patin; nouvelle édition, accompagnée de remarques scientifiques, historiques et littéraires, par Reveillé-Parise.
*Paris, Baillière*, 1846, 3 vol. in-8, portr.,
demi-rel. mar. vert. (*Closs.*)          18 fr.

707. Amitiez, amours et amourettes, par M. Le
Pays. *Amsterdam, Abraham Wolfgang*,
1678, pet. in-12, titre gravé. — Les Nouvelles œuvres de M. Le Pays. *Amsterdam, Abr.
Wolfgang*, 1674, 2 vol. pet. in-12, titre
gravé; les 3 vol., mar. bl. fil. tr. dor. (*Niedrée.*)          75 fr.

Très-joli exemplaire. A la suite des *Amitié, amours et
amourettes*, se trouve le *Portrait de l'auteur. Amsterdam,
Wolfgang*, 1678.

708. Lettres inédites du chancelier d'Aguesseau,
publiées par B. Rives. *Paris, I. R.*, 1823,
in-4, demi-rel. mar. vert, non rog. (*Niedrée.*)          15 fr.

709. Lettres historiques et galantes, par Mme du
Noyer. *Paris*, 1790, 12 vol. in-18, demi-rel.,
dos et coins de mar. r., non rog. (*Closs.*) 30 fr.

710. Lettres de Mlle Aïssé à Mme Calandrini;
5e édition, annotée par M. Ravenel, avec
une notice par M. Sainte-Beuve. *Paris, Ger-
dès*, 1846, in-12, pap. de Holl., portr.,
v. f. fil. tr. dor., chiffre. (*Closs.*)          15 fr.

711. Clément XIV et Carlo Bertinazzi, corres-
-pondance inédite (par de La Touche). *Paris,
Baudouin*, 1829, 2 tom. en 1 vol. in-32, demi-
rel. v. r.          3 fr.

## X. POLYGRAPHES.

712. OEuvres complètes de M. T. Cicéron, traduites en français, avec le texte en regard,
par J.-V. Le Clerc. *Paris, Lefebvre,* 1825,
30 vol. in-8, gr. pap. vél., portr., demi-rel.
mar. bl., non rog., tr. sup. dor.       250 fr.

713. Opuscules françoises des Hotmans. *Paris,*
*Guillemot,* 1616, in-8, v. f. fil. tr. dor.
(*Duru.*)                               15 fr.

Traité de la dissolution du mariage par l'impuissance ; —
Traité de la loi salique ; — La France gauloise, etc.

714. Les Diverses leçons d'Antoine du Verdier,
sieur de Vauprivas. *Lyon, Th. Soubron,* 1592,
in-8, v. f. fil. tr. dor. (*Niedrée.*)       12 fr.

715. Les OEuvres de M. de Voiture, contenant
ses lettres et ses poésies, avec l'histoire d'Al-
cidalis et de Zélide. *Paris, Claude Robus-*
*tel,* 1729, 2 vol. in-12, portr., mar. vert, tr.
dor. (*Duru.*)                          40 fr.

716. OEuvres de M. Scarron; édition augmentée de l'histoire de sa vie et de ses ouvrages.
*Amsterdam, G. Weslein,* 1752, 7 vol. pet.
in-12, fig., mar. r. tr. dor. (*Duru.*)   130 fr.

Bel exemplaire relié sur brochure.

717. OEUVRES DE LA FONTAINE; nouvelle édition, revue et accompagnée de notes, par
M. Walckenaer. *Paris, Lefèvre,* 1822, 6 tom.
en 7 vol. gr. in-8, demi-rel. mar. bl., non
rog. (*Héring.*)                        600 fr.

Superbe exemplaire, en grand papier vélin, orné de 100
figures, savoir : 1° quatre dessins originaux, dont un de Desenne (portrait en pied de La Fontaine); deux de La Fitte,
pour les Contes ; et le portrait de madame de La Sablière ;
2° vingt-sept portraits (dont neuf de La Fontaine) avant et

avec la lettre ; 3° une triple suite des figures de Moreau,
avant la lettre, sur papier blanc et sur papier de Chine, et les
eaux-fortes ; 4° la suite du même pour Psyché, avant la lettre ; petite suite ancienne ; 5° les vignettes d'après Percier et
Fontaine, gravées par Girardet ; 6°, 7° et 8° les suites de
Chasselat, de Bergeret et de Desenne ; 9° les figures de Coiny,
pour Psyché, dont neuf avec eaux-fortes ; 10° celles de Marillier, avec les eaux-fortes, pour Boccace ; 11° les vignettes d'Eisen, pour les Contes, édition des fermiers généraux, avec
quelques figures doubles ; dix eaux-fortes, et les fleurons gravés par Choffard ; 12° diverses gravures d'après Cochin, Gérard, Girodet, Chaudet, Canova, Prudhon, Colin, etc.; 13° les
douze frontispice de Granville, pour les fables.
  Le tome II, qui renferme les quatre livres des Contes,
ne pouvant contenir toutes les figures qu'on voulait y ajouter
a été divisé en deux volumes, et l'on a fait imprimer des
titres pour chaque livre.

718. Mémoires, contes et autres œuvres de
  Charles Perrault, précédés d'une notice par
  Paul L. (Lacroix) Jacob. *Paris, Ch. Gosselin*, 1842, in-12, demi-rel. v. f.          3 fr.
719. OEuvres de Montesquieu, avec éloges
  analyses, etc., par Destutt de Tracy, Ville-
  main, d'Alembert, Helvétius, etc. *Paris,
  Feret*, 1827, 8 vol. in-8, pap. vél., portr.,
  demi-rel., dos et coins de mar. r. tr. dor.
  — (*Closs.*)                                50 fr.
720. OEUVRES COMPLÈTES DE VOLTAIRE (avec des
  avertissements et des notes, par Condorcet).
  *De l'imprimerie de la Société littéraire
  (à Kehl)*, 1785-89, 70 vol. in-8, fig., mar. r.
  fil. tr. dor. doublés de tabis. (*Reliure an
  cienne.*)                                   600 fr.
  Exemplaire en grand papier vélin, avec la première suite
des figures de Moreau, AVANT LA LETTRE.

721. OEuvres de J.-J. Rousseau. *Paris, Le-
  quien*, 1821, 21 vol. in-8, fig., demi-rel.
  v. bl.                                      50 fr.
722. OEuvres de Denis Diderot. *Paris, Brière*,
  1821, 22 vol. — Mémoires, correspondance

et ouvrages inédits de Diderot. *Paris, Paulin*, 1834, 4 vol.; les 26 vol. in-8, demi-rel. v. f.　　　　　　　　　　　　　60 fr.

723. OEuvres complètes d'Helvétius (publ. par La Roche). *Paris, P. Didot*, 1795, 14 vol. in-18, portr., v. f. fil. tr. dor., chiffre. (*Trautz-Bauzonnet.*)　　　　　　　120 fr.

Très-joli exemplaire en grand papier vélin.

724. OEuvres complètes de Chamfort, publiées par Auguis. *Paris, Chaumérot*, 1824, 5 vol. in-8, demi-rel. v. ant. (*Bauzonnet.*) 30 fr.

725. Le Fond du sac, ou Restant de babioles de **M. X.** (Fél. de Nogaret). *Venise, Pantalon Phébus*, 1780, 2 tom. en 1 vol. in-24, fig., demi-rel. v. f., non rog.　　　8 fr.

726. Opuscules divers de M. Guillaume de Besançon. 6 broch. in-8 et in-12.　　. 10 fr.

Notice sur les lettres inédites de Voltaire à l'abbé d'Olivet. *Besançon*, 1814. — Essai sur la Bonhomie et l'indulgence. *Dijon*, 1834. — Sur l'utilité de l'histoire. *Paris*, 1836; in-12. — Discours sur le bonheur domestique. *Paris*, 1838, in-12. — Observations sur la littérature. *Besançon*, 1840, in-12. — Anecdotes franc-comtoises. *S. l. n. d.*, in-8.

727. Notices et mémoires historiques, par Mignet. *Paris, Paulin*, 1843, 2 vol. in-8, cart. (*Bauzonnet.*)　　　　　　　10 fr.

XI. COLLECTIONS D'OUVRAGES.—RECUEILS DE PIÈCES, ETC.

728. COLLECTION DE DIFFÉRENTS OUVRAGES ANCIENS, poésies et facéties, réimprimés par les soins de P.-S. Caron. (*Paris*, 1798-1806), 11 part. en 4 vol. pet. in-8. — Recueil de pièces du même genre, publiées par M. de

Montaran. 2 vol. pet. in-8 ; les 6 vol., mar.
ol. fil. tr. dor. (*Koehler*.)                350 fr.

Bel exemplaire bien complet. Avec la suite de M. de Montaran se trouvent le complément do la traduction des Noëls de Lamonnoye, celui des *Chansons des comédiens*, le *Noraeoniana*, la *Lettre de Carábi de Cappadoce* et le *Cocu consolateur*.

729. Collection de petits classiques françois,
     publiée par Charles Nodier et N. Delangle.
     *Paris, J. Didot*, 1825-27, 10 vol. in-16, mar.
     bl. tr. dor. (*Duru*.)                120 fr.

Contenant : Conjuration du comte de Fiesque. 1818. — Relation des campagnes de Rocroi et de Fribourg, par Henri de Bessé. 1826. — La Guirlande de Julie. 1826. — Œuvres choisies de Sarrazin. 1826. — Voyage de Chapelle et de Bachaumont. 1825. — Diverses petites poésies du chevalier d'Aceilly. 1825. — Madrigaux de La Sablière. 1825. — Œuvres choisies de Sénecé. 1826. — Fables de Fénelon. 1826. — Poésies de Ch. Nodier. 1827.

730. Recueil de quelques pièces nouvelles et
     galantes, tant en prose qu'en vers. *Utrecht,
     Schouten*, 1699, pet. in-12, mar. r. fil. tr.
     dor. (*Koehler*.)                30 fr.

Exemplaire de Ch. Nodier.

731. Recueil A-Z (par Querlon, Mercier de St-
     Léger, et autres). *A Fontenoy*, 1745, 24 vol.
     in-12, v. m.                20 fr.

732. Pièces intéressantes et peu connues, pour
     servir à l'histoire de la littérature, par D. L. P.
     (de la Place). *Bruxelles, Prault*, 1785, 8 vol.
     in-12, bas.                10 fr.

733. MÉLANGES PUBLIÉS PAR LA SOCIÉTÉ DES BI-
     BLIOPHILES FRANÇOIS. *Paris, imprimerie de
     F. Didot*, 1820-34, 7 vol. gr. in-8, pap. vél.,
     mar. vert, fil., tr. sup. dor., non rog.
     (*Closs.*)                400 fr.

Bel exemplaire de M. de Saint-Mauris. Cette collection,

composée de pièces curieuses anciennes et modernes et presque toutes inédites, n'a été tirée qu'à 30 exemplaires, pour les membres de la Société. On trouve dans le Manuel du libraire l'indication des pièces qu'elle renferme.

734. Mélanges publiés par la Société des bibliophiles de Reims. *Reims*, 1842, 13 part. en 3 vol. pet. in-8, v. f. fil. tr. dor., chiffre. (*Closs.*) 50 fr.

Cette collection, tirée à petit nombre, contient les ouvrages suivants : Le Purgatoire de saint Patrice ; — Inventaire après le décès de Richard Pique, archevêque de Reims, 1389 ; — Miniatures d'une bible du XIVᵉ siècle ; — Les Lépreux à Reims, XVᵉ siècle ; — Louis XI et la sainte Ampoule ; — L'Entrée du roi nostre sire (Charles VIII) en la cité de Paris (1484) ; — Discours de ce qu'a fait en France le héraut d'Angleterre, 1557 ; — Le noble et gentil jeu de l'arbaleste à Reims ; — Les Sépultures de l'église de Saint-Remy de Reims, par P. Tarbé ; — Une émeute en 1649 : Mazarinade ; — Mémoires de Fr. de Maucroix, 2 parties ; — Histoire du pain d'épice de Reims....

735. Collection des ouvrages publiés par la Société des bibliophiles lyonnais. *Lyon*, 1846, 7 vol. pet. in-8, pap. vél. fort, mar. rouge, vert, brun et bleu, fil. tr. dor. (*Niedrée.*) 300 fr.

Cette collection est ainsi composée : Les Antiquitez et la fondation de la métropole des Gaules, ou de l'Eglise de Lyon et de ses chapelles, par le sieur de Quincarnon. *Lyon*, 1673. — La Fondation et les antiquitez de la basilique collégiale, canoniale et curiale de St-Paul de Lyon, par le même. *Lyon*, s. d. — Lugdunum priscum, par le président de Bellièvre. (Imprimé sur une copie authentique du manuscrit original.) —Mélanges sur l'histoire ancienne de Lyon (G. Symeoni, L'origine di Lione.)—P. L'abbé, de ortu Lugduni ; de situ Lugduni ; de itinere Annibalis ; Tumulus duorum amantium.—Bachet de Meziriac, Remarques sur l'origine du mot Lugdunum.— Pernetti, Conjectures sur l'incendie de Lyon.— Pièces inédites relatives à l'incendie de Gaëte, grav. en l'honneur de Mun. Plancus.)— Facéties lyonnaises (la Ville de Lyon en vers burlesques; le Salamalec lyonnois, par La Monnoie ; Chansons lyonnaises ; P. Laurer, Supplément aux Lyonnois dignes de mémoire).— Formulaire fort recréatif de Bredin le cocu.—Lyon souterrain, par Artaud.

Ces sept volumes n'ont été tirés chacun qu'à 25 exemplaires, sauf le *Formulaire de Bredin*, qui a été tiré à 50 exemplaires.

736. Revue rétrospective, ou Bibliothèque his-

rique, contenant des mémoires et documents
authentiques inédits et originaux, pour servir à l'histoire, à la biographie, etc. (publiée
par M. J. Taschereau). *Paris, Fournier,*
1833-37, 20 vol. in-8, demi-rel. mar. bl. 60 fr.

# HISTOIRE.

## I. GÉOGRAPHIE.—VOYAGES.

Brégé de géographie, par Adrien
Balbi; 3e édition. *Paris, J. Renouard,* 1838, gr. in-8, cartes,
demi-rel. mar. n. 15 fr.

738. Dictionnaire univérsel de géographie, par
J. Mac-Carthy. *Paris, Guyot,* 1839, 2 vol.
gr. in-8, cartes, demi-rel. 8 fr.

739. Voyage en Angleterre, en 1791. In-8, mar.
bl. fil. tr. dor. (*Niedrée.*) 30 fr.
Manuscrit autographe de Pétion.

740. Correspondance de V. Jacquemont. *Paris,*
1841, 2 vol. in-12, demi-rel. mar. n. 6 fr.

## II. CHRONOLOGIE.— HISTOIRE UNIVERSELLE.

741. L'ART DE VÉRIFIER LES DATES des faits historiques, des chartes, etc., depuis la naissance de Notre-Seigneur, par un religieux
bénédictin de la congrégation de Saint-Maur
(D. Clément). *Paris, Jombert,* 1783, 3 vol.
in-fol., mar. r. fil. tr. dor., chiffre.
(*Closs.*) 350 fr.
Superbe exemplaire.

742. Tablettes chronologiques de l'histoire uni-

verselle, par Lenglet du Fresnoy. *Paris,*
1778, 2 vol. pet. in-8, br.                    6 fr.

743. Mémorial de chronologie, d'histoire in-
dustrielle, d'économie politique, etc. (par de
l'Aubespin). *Paris, Verdière,* 1829, 2 vol.
in-12, demi-rel., dos et coins de mar. bl.
(*Closs.*)                                     8 fr.

744. Cest le livre des croniques, depuis le
commancement du monde et des roys de
France. In-fol. v. f.                          150 fr.

Manuscrit sur vélin et sur papier, du commencement du XVe
siècle.
C'est une sorte d'abrégé de l'histoire universelle depuis le
commencement du monde jusqu'à l'an de Jésus-Christ 1307.
L'ouvrage est divisé en quatre grandes parties. La première, qui commence à la naissance du monde, se termine
à l'an de Jésus-Christ 478. C'est la traduction des Chroniques
de saint Jérôme. La seconde prend à l'année 481, et s'an-
nonce par ces mots : *Au premier an Gracien l'empire
commance ses croniques Sigibert qui fut moyne de Gemblois
(Gemblours) et home très bien fonde en toutes sciences.* Cette
partie se termine en l'an 813, à la mort de Charlemagne. La
troisième partie contient la traduction de la *Chronique de
Turpin.* Cette traduction, bien différente de celle qui fut imprimée en 1527, paraît être la même que celle qui a été faite au
commencement du XIIIe siècle, pour le comte Regnaut de
Boulogne ; seulement l'orthographe, sinon le style, a été un
peu rajeunie. Dans la quatrième partie, le traducteur continue
l'histoire universelle depuis l'année 816 jusqu'à l'an 1307. Il
consacre aux rois de France ses plus longs paragraphes.

745. Essai historique, politique et moral sur
les révolutions anciennes et modernes, con-
sidérées dans leurs rapports avec la Révolution française (par M. de Chateaubriand).
*Londres,* 1717 (1797), in-8, mar. br. à compart. doublé de mar. à riches compart. tr.
dor. (*Niedrée.*)

Édition originale.
Exemplaire précieux, chargé de notes de la main de Chateaubriand. Elles ont été écrites à une époque où le célèbre
écrivain n'avait pas encore fait son retour au christianisme.
On a besoin de le savoir pour ne pas être étonné en lisant

quelques-unes de ces notes, et pour croire qu'elles ont pu tomber de la plume de l'auteur du *Génie du christianisme*.

Cet exemplaire est celui dont parle M. Sainte-Beuve dans son article sur Chateaubriand, inséré au *Moniteur* du 17 avril 1854. Il a appartenu à M. Augustin Soulier, éditeur des Œuvres de Chateaubriand, publiées chez Ladvocat, et en dernier lieu à M. Aimé Martin. Il y a en tête du volume des notes de ces deux bibliophiles.

746. Essai historique et philosophique sur les noms d'hommes, de peuples et de lieux, par Eusèbe Salverte. *Paris, Bossange père*, 1824, 2 vol. in-8, cart. dor., non rog.          8 fr.

### III. HISTOIRE DES RELIGIONS.

#### 1. Religion païenne.

747. Le Premier livre des narrations fabuleuses, avec les discours de la vérité et histoires d'icelles, traduit (du latin de Palæphate) par Guillaume Gueroult. *Lyon, imprimerie de Robert Granjon*, 1568, in-8, mar. bl. tr. dor., chiffre. *(Bauzonnet-Trautz.)*          50 fr.

Imprimé en caractères de civilité.

748. Hygini quæ hodie extant, adcurante Jo. Scheffero. *Hamburgi*, 1674, in-8, mar. r. fil.          40 fr.

Bel exemplaire aux armes de Colbert.

749. Dictionnaire de la fable, par Noël. *Paris*, 2 vol. in-8, v. fil.          12 fr.

750. Recherches sur les mystères du paganisme, par de Sainte-Croix. *Paris*, 1817, 2 vol. in-8, pap. vél., demi-rel. v. f., non rog.          12 fr.

751. Lettres à Émilie, sur la mythologie, par Demoustier. *Paris, Didier*, 1842, in-12, cart.          2 fr. 50 c.

752. Mémoire sur Vénus, par Larcher, *Paris*,
Valade, 1775, in-12, demi-rel. mar. r., non
rog.                                    5 fr.

## 2. Religion chrétienne.

753. Abrégé chronologique de l'histoire ecclésiastique (par Macquer); édition augmentée
par Dinouart. *Paris*, 1768, 3 vol. pet. in-8,
v. m. fil.                              10 fr.

754. Histoire abrégée des papes (par Alletz).
*Paris*, 1776, 2 vol. in-12, v. m. fil.    6 fr.

755. Erreur populaire de la papesse Jane, par
Florimond de Ræmound. *Bourdeaus, Mil-*
*lanijes*, 1594, pet. in-8, mar. vert, fil. tr. dor.
*(Reliure ancienne.)*                  20 fr.

A la suite du volume se trouve : *De la couronne du soldat*,
trad. du latin de Tertullian par Flor. de Ræmound: *Bour-*
*deaus*, 1594.

756. Johanna papissa, toti orbi manifestata,
adversus scripta Bellarmini, Cæsaris Baronii,
Florimundi Ræmundi et aliorum papicola-
rum, quibus impudenter negant, Johannam
hanc papissam fuisse unquam. *Oppenheimii,*
*typis Hier. Galleri, sumptibus Hulsianis,*
1619, pet. in-8, mar. r. tr. dor. *(Duru.)* 20 fr.

Volume rare. C'est un dialogue entre un protestant et un
papiste. Sur le titre est la figure de la papesse, tirée de la
chronique de Nuremberg.

757. Familier éclaircissement de la question :
Si une femme a esté assise au siége papal de
Rome, entre Léon IV et Benoît III, par David Blondel. *Amsterdam, Blaeu*, 1649, pet.
in-8, vél.                              3 fr.

758. Histoire de la papesse Jeanne, fidèlement

tirée de la dissertation latine de M. de
Spanheim (par J. Lenfant). *Cologne*, 1694,
in-12, mar. vert, fil. tr. dor. (*Reliure ancienne.*)                              20 fr.

759. Remarques historiques sur la papesse
Jeanne. In-4, fig., demi-rel. (10 feuillets.)                                 20 fr.

Manuscrit autographe de Du Tillot, avec deux dessins à l'en-
cre de Chine représentant la papesse, par le même.

760. La Vie du pape Alexandre VI et de son
fils Borgia, par Gordon, traduite de l'anglois. *Amsterdam*, *Mortier*, 1751, 2 vol.
in-12, portr., mar. r. dent. tr. dor. (*Reliure
ancienne.*)                            40 fr.

761. Briefve histoire de l'institution des ordres
religieux, avec les figures de leurs habits,
gravées par Odoart Fialetti. *Paris*, *Ad. Me-
nier*, 1658, in-4, v. f. fil. tr. dor., chiffre.
(*Duru.*)                              40 fr.

Bel exemplaire.

762. Historiæ societatis Jesu pars quinta; to-
mus posterior ab anno 1591 ad 1616, auctore
Jos. Juvencio, S. J. *Romæ*, *ex typographia
G. Plachi*, 1710, in-fol., mar. r. fil. tr. dor.
(*Aux armes du comte d'Hoym.*)        50 fr.

Volume fort rare. C'est la seule partie qui ait été publiée.
Elle a été condamnée par deux arrêts du parlement de Paris des
22 février et 24 mars 1713, comme renfermant des maximes
pernicieuses et contraires aux droits des souverains. Entre
autres griefs, on accusait le P. Jouvency d'avoir fait l'éloge
du P. Guignard, condamné à mort pour avoir eu des relations
avec Jean Châtel.

763. La Morale pratique des Jésuites, représentée en plusieurs histoires arrivées dans
toutes les parties du monde (par du Cambout

de Pont-Chabeau). *Cologne, Gervinus Quentel* (*Holl., Elsevier*), 1669, pet. in-12, mar. or.　40 fr.

Exemplaire NON ROGNÉ.

764. Histoire pittoresque de la Franc-maçonnerie et des sociétés secrètes anciennes et modernes, par F.-T.-B. Clavel, illustrée de 25 gravures sur acier. *Paris, Pagnerre*, 1844, gr. in-8, br.　8 fr.

765. Histoire des Vaudois, divisée en trois parties : la première est de leur origine, croyance...; la seconde contient l'histoire des Albigeois ; la troisième est touchant la doctrine et discipline qu'ils ont eu commune entre eux, etc. ; par J.-P. Perrin. *Genève, M. Berjon*, 1618, 2 part. en 1 vol. in-8, v. f. fil. tr. dor. (*Simier.*)　30 fr.

## IV. HISTOIRE ANCIENNE.

766. Histoire des Juifs, écrite par Flavius Joseph sous le titre de Antiquitez judaïques ; traduite par Arnauld d'Andilly. *Bruxelles, Fricx*, 1701-1703, 5 vol. in-8, fig., mar. vert, tr. dor. (*Duru.*)　180 fr.

Bel exemplaire en grand papier. On y a joint une lettre autographe d'Arnauld d'Andilly en 2 pages in-4.

767. Pausanias, ou Voyage historique de la Grèce, traduit en françois, avec des remarques, par Gédoin. *Amsterdam*, 1733, 4 vol. in-12, cartes, mar. r. fil. tr. dor. (*Derome.*)　80 fr.

Bel exemplaire.

768. Quinte-Curce : de la Vie et des actions
d'Alexandre le Grand, de la traduction de
M. de Vaugelas, avec les suppléments de
J. Freinshémius, traduits par P. Du Ryer.
*Paris, Aug. Courbé*, 1653, in-4, gr. pap.
réglé, mar. r. fil. tr. dor. (*Reliure an-
cienne.*) 30 fr.
Bel exemplaire de la première édition.

769. OEuvres de Tacite, avec la traduction en
français. *Paris, Dubochet*, 1845, 2 vol. in-12,
cart. 6 fr.

770. Histoire de la chute de l'empire romain
et du déclin de la civilisation, de l'an 250 à
l'an 1000, par Simonde de Sismondi. *Paris,
Treuttel et Wurtz*, 1853, 2 vol. in-8, demi-
rel. v. f. 8 fr.

771. Études, ou Discours historiques sur la
chute de l'empire romain, par Chateaubriand.
*Paris, Lefèvre*, 1833, 4 vol. in-8, demi-rel.
v. f. 15 fr.

772. Histoire de Théodoric le Grand, roi d'Italie, par L. M. Du Roure. *Paris, Techener*,
1846, 2 vol. in-8. gr. pap., v. f. fil. tr. dor.,
chiffre. (*Niedrée.*) 30 fr.

### V. HISTOIRE MODERNE.

#### 1. *Histoire générale.*

773. Histoire générale de la civilisation en Eu-
rope depuis la chute de l'empire romain, par
Guizot. *Paris, Didier*, 1840, in-8.—Histoire
de la civilisation en France, par le même.
*Paris*, 1840, 4 vol.; les 5 vol., demi-rel. v. f.
(*Niedrée.*) 30 fr.

774. L'Europe au moyen âge , traduit de l'anglais de H. Hallam par P. Dudouit et A.-R. Borghers. *Paris, Delestre-Boulage*, 1820, 4 vol. in-8, demi-rel. mar. vert..    18 fr.

775. Histoire des croisades , par Michaud ; 6e édition. *Paris, Furne*, 1841, 6 vol. in-8, fig., demi-rel. v. f.    35 fr.

776. Histoire des classes nobles et des classes anoblies, par A. Granier de Cassagnac. *Paris, H.-L. Delloye*, 1840, in-8, cart.   4 fr.

777. Histoire des classes ouvrières et des classes bourgeoises, par Ad. Granier de Cassagnac. *Paris, Aug. Desrez*, 1838, in-8, cart. dor.    4 fr.

778. Recueil de diverses pièces curieuses pour servir à l'histoire. *Cologne (Holl., Elsev.), Jean du Castel*, 1664, pet. in-12, mar. r. tr. dor. (*Duru.*)    25 fr.

La pièce la plus importante de ce recueil est la *Relation de la mort du marquis de Monaldeschi*, par le P. Lebel.

## 2. *Histoire de France.*

A. Géographie; mœurs et usages; monuments.

779. Géographie ancienne historique et comparée des Gaules Cisalpine et Transalpine , par M. Walckenaer. *Paris, Dufart*, 1839, 3 vol. in-8 et atlas, cart., non rog. (*Bauzonnet.*)    36 fr.

Exemplaire en grand papier de Hollande.

780. Dictionnaire général des villes, bourgs, villages et hameaux de France, par Duclos. *Paris*, 1840, gr. in-8, demi-rel. mar. n. 10 fr.

781. La Guide des chemins de France (par Ch. Estienne). *Paris, Charles Estienne*, 1553, pet. in-8, v. f. fil. tr. dor. (*Capé.*)    20 fr.

782. Coup d'œil général sur la France, par Brion. *Paris*, 1765, in-4, cartes, demi-rel.    5 fr.

783. Introduction à la description de la France, par Piganiol de la Force. *Paris, Desprez*, 1752, 2 vol., cartes. — Nouvelle description de la France, par Piganiol de la Force. *Paris, Desprez*, 1753, 13 vol., cartes, fig.; en tout, 15 vol. in-12, mar. vert, fil. tr. dor. (*Aux armes de Mesdames de France*).    120 fr.

784. France illustrated, exhibiting its landscape scenery, antiquities, military and ecclesiastical architecture, drawings by Thomas Allom, descriptions by G. N. Wright. *London and Paris, Fisher, s. d.*, 4 vol. in-4, fig. v. f. fil. tr. dor., chiffre. (*Niedrée.*)    80 fr.

785. Les Mœurs et coutumes des François dans les premiers temps de la monarchie, par l'abbé Legendre. *Paris, Briasson*, 1753, in-12, demi-rel., dos et coins de mar. bl., non rog. (*Closs.*)    5 fr.

786. Dictionnaire historique des mœurs, usages et coutumes des François (par Lachesnaye des Bois). *Paris, Vincent*, 1768, 3 vol. in-12, v. m.    6 fr.

787. De l'État civil des personnes et de la condition des terres dans les Gaules, par Perreciot. *Paris*, 1845, 3 vol. in-8, portr., cart. (*Bauzonnet.*)    18 fr.

788. Histoire de la vie privée des Français depuis l'origine de la nation jusqu'à nos jours,

par Legrand d'Aussy. *Paris*, 1782, 3 vol.
in-8, v. m. — Des Sépultures nationales, et
particulièrement de celles des rois de France,
par Legrand d'Aussy. *Paris*, 1824, in-8,
v. m.                                    12 fr.

789. MONUMENTS FRANÇAIS INÉDITS, pour servir
à l'histoire des arts, et où sont représentés
les costumes civils et militaires, les instru-
ments de musique, les meubles de toute es-
pèce et les décorations intérieures des maisons, dessinés, coloriés et gravés par N.-X.
Willemin (avec un texte historique et des-
criptif, par M. André Pottier). 1806 *et ann.*
*suiv.*, 2 vol. in-fol., mar. r. tr. dor., chiffre.
(*Niedrée.*)                              450 fr.

Superbe exemplaire.


*B.* Histoire générale; collections.


790. LA MER DES HYSTOIRES ET CRONIQUES DE
FRANCE. *Paris., Galliot du Pré*, 1517-18,
4 vol. in-fol. goth., mar. br. dent. tr. dor.
(*Reliure anglaise.*)                     450 fr.

Edition très-rare et la plus complète des *Chroniques de
Saint-Denis.* Elle contient de plus que les éditions précédentes les règnes de Charles VIII, de Louis XII et le commencement de celui de François Ier.
   On trouve, en outre, en tête de l'ouvrage, une partie nouvelle de 170 feuillets, renfermant une introduction en deux
livres qui commence à la création du monde et qui traite de
l'origine des Français. Il est à remarquer que dans cette introduction le chroniqueur, ou plutôt le compilateur, a fait entrer,
sinon en entier au moins en grande partie, le *Roman de
Brut* de Rob. Wace.

791. Les Grandes chroniques de France, dites
de Saint-Denis, publiées par M. Paulin Paris. *Paris, Techener*, 1836-39, 6 vol. pet.

in-8, mar. vert, tr. dor. (*Bauzonnet-Trautz.*) 90 fr.

792. Histoire de France, par Michelet (jusqu'à la mort de Louis XI). *Paris, Hachette*, 1835-44, 6 vol. in-8, demi-rel. mar. v. (*Closs.*) 36 fr.

793. Les Crimes des rois de France depuis Clovis jusques et y compris Louis XVI, par L. Lavicomterie. *Paris, A.-R. Langlois*, 1835, in-8, fig., demi-rel. bas. 3 fr.

794. Les Crimes des reines de France, depuis le commencement de la monarchie jusqu'à Marie-Antoinette. *Paris, Prudhomme*, 1791, in-8, demi-rel. v. vert. 3 fr.

795. Observations sur l'histoire de France, par l'abbé de Mably; édition revue par M. Guizot. *Paris, Brière*, 1823, 3 vol., in-8, portr., demi-rel. v. f. 15 fr.

796. Essais sur l'histoire de France, par M. Guizot. *Paris, Ladrange*, 1836, in-8, demi-rel. v. f. (*Niedrée.*) 5 fr.

797. Dix ans d'études historiques, par Augustin Thierry. *Paris, Tessier*, 1839, in-8, demi-rel. v. f. (*Niedrée.*) 5 fr.

798. Nouvelle collection des mémoires sur l'histoire de France, depuis le XIIIe siècle jusqu'à la fin du XVIIIe, précédée de notices par Michaud et Poujoulat. *Paris*, 1836, 32 vol. gr. in-8, v. f. fil. tr. dor., chiffre. (*Closs.*) 450 fr.

Très-bel exemplaire.

799. Collection des meilleurs dissertations, notices et traités particuliers relatifs à l'histoire de France, par C. Leber. *Paris, Dentu*,

1838 , 20 vol. in-8, cart., dos de toile. (*Bau-zonnet.*) 80 fr.

800. Archives curieuses de l'histoire de France, publiées par Cimber et Danjou. *Paris*, 1834 et ann. suiv., 27 vol. in-8, cart. (*Bauzon-net.*) 120 fr.

801. Curiosités historiques, ou Recueil de pièces utiles à l'histoire de France, qui n'ont jamais paru. *Amsterdam*, 1759, 2 vol. pet. in-12, demi-rel. v. f., non rog. (*Simier.*) 8 fr.

### C. Mélanges historiques.

802. Les Recherches des recherches et autres œuvres de M⁰ Estienne Pasquier (par le P. Garasse). *Paris*, *S. Chappelet*, 1622 , in-8, v. br. 5 fr.

803. Recueil de divers écrits pour servir d'é-claircissements à l'histoire de France et de supplément à la notice des Gaules, par l'abbé Lebeuf. *Paris*, *Barrois*, 1738, 2 vol. in-12, dos et coins de v. f., non rog. 16 fr.

804. Dissertations sur l'histoire ecclésiastique et civile de Paris, par l'abbé Lebeuf. *Paris*, *Lambert*, 1739-1743, 3 vol. in-12, fig., v. m. 30 fr.

805. Dissertations sur differents sujets de l'histoire de France, par Bullet. *Besançon*, *Char-met*, 1759, in-8, cart., dos de toile. (*Bau-zonnet.*) 8 fr.

806. Dissertations sur la mythologie françoise et sur plusieurs points de l'histoire de France, par Bullet. *Paris*, 1771, in-12, v. m. 7 fr.

D. Histoire particulière de France.

807. Histoire ecclésiastique des Francs, par
Grégoire de Tours, traduite par MM. Guadet
et Taranne. *Paris*, *J. Renouard*, 1836-38,
4 vol. gr. in-8, demi-rel. v. f. (*Nie-
drée.*)                                        36 fr.

808. Récits des temps mérovingiens, par Augustin Thierry. *Paris*, *Tessier*, 1840, 2 vol.
in-8, demi-rel., dos et coins de mar. bl.
(*Closs.*)                                     12 fr.

809. Richer : Histoire de son temps, texte reproduit d'après l'édition originale donnée par
Pertz, avec traduction française, notice et
commentaire, par J. Guadet. *Paris*, *Renouard*, 1845, 2 vol. in-8, demi-rel. v. f.
(*Niedrée.*)                                   16 fr.

810. Dissertation historique sur Jean I$^{er}$, roi de
France, par Monmerqué. *Paris*, *Tabary*,
1844, gr. in-8, pap. vél., demi-rel. mar. bl.,
non rog.                                        5 fr.

811. Histoire des ducs de Bourgogne de la maison de Valois, 1364-1477, par de Barante.
*Paris*, *Dufey*, 1838, 12 vol. in-8, fig., demi-
rel. mar. vert.                                50 fr.

812. LE PREMIER (le 2$^e$, le 3$^e$ et le 4$^e$) VOLUME DE
FROISSART des Chroniques de France, D'angleterre, Descoce, Despaigne, de Bretaigne, de
Gascoigne, de Flandres et lieux circonvoi-
sins. (A la fin) : *Cy finist le quart volume
de J. Froissard, imprimé lan 1518 pour*

*Anthoine Verard*, 4 tom. en 3 vol. in-fol.
goth., mar. vert, tr. dor. (*Koehler.*) 500 fr.
Très-bel exemplaire, grand de marges et parfaitement conservé.

813. Le Premier (le second et le tiers) volume de Enguerran de Monstrelet, ensuy-
vant Froissard. *Paris, pour Jehan Petit et
Michel le Noir*, 1512, 3 tom. en 2 vol. in-fol.,
goth. mar. vert, tr. dor. (*Duru.*) 300 fr.
Superbe exemplaire.

814. Chroniques d'Enguerrand de Monstrelet,
publiées par Buchon. *Paris, Desrez*, 1836,
gr. in-8, br. 6 fr.

815. Chronique de Duguesclin, collationée sur
l'édition originale du XVe siècle, avec une
notice bibliographique et des notes, par Fr.
Michel. *Paris, Méquignon-Havard*, 1830,
in-18, fig., v. f. fil. tr. dor. (*Closs.*) 10 fr.

816. L'Histoire et discours au vray du siége
qui fut mis devant la ville d'Orléans par les
Anglois, le mardi XIIe jour d'octobre 1427
(publié par L. Trippault). *Orléans, Boy-
nard*, 1606, in-8, titre gravé par L. Gaultier,
v. f. fil. 25 fr.
Le titre gravé est doublé.

817. Jacques Cœur, commerçant, maître des
monnaies, argentier du roi Charles VII et né-
gociateur, par Trouvé. *Paris*, 1840, in-8,
portr., demi-rel. v. vert. 4 fr.

818. Histoire de Pierre Terrail, seigneur de
Bayart, suivie de recherches généalogiques,
pièces et lettres inédites, par A. de Terre-
basse. *Paris, Ladvocat*, 1828, in-8, pap. vél.
v. f. fil. tr. dor., chiffre. (*Niedrée.*) 25 fr.

819. Lettres de Marguerite d'Angoulême, sœur
de François I<sup>er</sup>, publiées par F. Génin. *Paris, Renouard*, 1841-42, 2 vol. gr. in-8,
demi-rel. v. f. (*Niedrée.*)              15 fr.

820. La Réforme et la Ligue, par Capefigue.
*Paris, Belin-Leprieur*, 1843, 2 vol. in-12,
demi-rel. mar. n.                          6 fr.

821. Discours merveilleux de la vie, actions et
déportements de la royne Catharine de Médicis. *A La Haye, A. Vlacq*, 1660, pet. in-12,
mar. r. tr. dor. (*Duru.*)                 20 fr.

822. Recueil de diverses pièces servant à l'histoire de Henry III, roy de France et de Pologne. *Cologne, P. Marteau*, 1693, in-12,
vél.                                        5 fr.

823. Le Cabinet du roy de France, dans lequel
il y a trois perles d'inestimable valeur, par le
moyen desquelles Sa Majesté s'en va le premier monarque, et ses sujets du tout soula-
gés (par Nic. Barnaud). *S. l.*, 1581, in-8,
mar. r. fil. tr. dor. (*Reliure ancienne.*) 15 fr.

824. Les Vies de François de Beaumont, baron
des Adrets, de Charles Dupuy, seigneur de
Montbrun, et de Soffrey de Calignon, chan-
celier de Navarre, par Guy Allard. *Grenoble,
Nicolas*, 1675, in-12, bas.                15 fr.
Volume rare.

825. Mémoires de la reine Marguerite. *A Goude,
chez Guillaume de Hoeve*, 1649, pet. in-12,
mar. r. tr. dor., chiffre. (*Bauzonnet.*) 35 fr.
Joli exemplaire.

826. Mémoires et lettres de Marguerite de Valois; nouvelle édition, publiée par M. Gues-

sard. *Paris, Renouard,* 1842, gr. in-8, demi-
rel. v. f. (*Niedrée.*) 8 fr.

827. Le Martyre de frère Jacques Clément de
l'ordre de S. Dominique, contenant au vray
toutes les particularitez plus remarquables
de sa saincte résolution et très heureuse en-
treprise à l'encontre de Henry de Valois. *Paris, Robert le Fizelier,* 1589, pet. in-8, fig.
sur bois, mar. r. dent. tr. dor. (*Reliure ancienne.*) 80 fr.

Cet exemplaire est du petit nombre de ceux qui contien-
nent, page 31, le passage supprimé par arrêt du parlement de
Paris, sur la plainte des religieux de Saint-Germain-des-Prés.
On a ajouté au volume la pièce suivante : Harangue prononcée
par N. S. Père en plein consistoire, contenant le jugement de
Sa Saincteté touchant la mort de Henry de Valois. *Lyon,
J. Pillehotte,* 1589.

828. Prosa cleri parisiensis ad ducem de Mena,
post cædem regis Henrici III. *Lutetiæ, S. Ni-
vellius,* 1589, in-8, pap. vél., demi-rel., dos
et coins de mar bl., non rog. (*Trautz-Bauzonnet.*) 15 fr.

Réimpression faite à Paris par Didot l'aîné, en 1786.

829. Histoire de Henri le Grand, par Hardouin
de Péréfixe. *Amsterdam, D. Elsevier,* 1664,
pet. in-12, vél. 10 fr.

830. Satyre Menippée de la vertu du catholicon
d'Espagne et de la tenue des Estats de Paris.
*Ratisbonne, Mathias Kerner (Bruxelles,
Foppens),* 1664, pet. in-12, mar. r. fil. tr.
dor. (*Niedrée.*) 30 fr.

Hauteur, 188 millim. (4 p. 10 lig. 2|3.)

831. Mémoires de la vie de Théodore Agrippa
d'Aubigné, écrits par lui-même (revus et corrigés par Du Mont); avec ceux de Frédéric-

Maurice de la Tour, prince de Sédan (rédigés par Aubertin, son domestique); une Relation de la cour de France en 1700, par Priolo, et l'Histoire de M^me de Mucy (par Valdory). *Amsterdam*, 1731, 2 tom. en 1 vol. in-12, v. f. fil. tr. dor. (*Simier.*)                    20 fr.

832. Les Avantures du baron de Fœneste, par Théodore Agrippa d'Aubigné; édition augmentée de remarques historiques et de l'histoire de l'auteur écrite par lui-même. *Cologne, P. Marteau*, 1739, 2 tom. en 1 vol. in-8, fig., mar. bl., non rog. (*Koehler.*) 25 fr.

833. Histoire de la mort déplorable de Henri IV (par P. Mathieu). *Paris, veuve Guillemot*, s. d., pet. in-8, titre gravé et portrait de Henri IV à cheval, mar. vert, tr. dor. (*Duru.*)                    20 fr.

834. Mémoires authentiques de Jacques Nompar de Caumont, duc de La Force, publiés par M. de La Grange. *Paris, Charpentier*, 1843, 4 vol. in-8, demi-rel. v. bl.    18 fr.

835. Mémoires d'un favory de Son Altesse Royale Monsieur le duc d'Orléans (Du Bois d'Annemets). *Leyde, J. Sambix*, 1668, pet. in-12, mar. r. fil. tr. dor. (*Reliure ancienne.*)                    30 fr.
Edition rare qui se joint à la collection des Elseviers.

836. Histoire de France sous Louis XIII et sous le ministère du cardinal Mazarin (1610-61), par Bazin. *Paris, Chamerot*, 1846, 4 vol. in-12, v. f. tr. dor., chiffre (*Niedrée.*) 30 fr.

837. Jugement de tout ce qui a été imprimé contre le cardinal Mazarin, depuis le sixième

janvier jusques à la déclaration du premier avril mil six cens quarante-neuf (par Gabr. Naudé). *S. l. n. d. (Paris,* 1649), in-4, demi-rel. mar. r.      30 fr.

Bel exemplaire non rogné de la bonne édition de 718 pages.

838. Histoire de la vie et de l'administration de Colbert, précédée d'une étude historique sur Nic. Fouquet, par P. Clément. *Paris, Guillaumin*, 1846, in-8, demi-rel. v. f.      7 fr.

839. Mémoires de Fléchier sur les grands jours tenus à Clermont, en 1665-66; publiés par B. Gonod. *Paris, Porquet (imprimerie de Thibaud Landriot, à Clermont)*, 1844, gr. in-8, pap. vél., fig., v. f. fil. tr. dor. (*Niedrée.*)      50 fr.

Cet ouvrage, tiré à petit nombre, est devenu fort rare. On a ajouté à la fin du volume : *Examen critique des mémoires attribués à Fléchier,* etc., par le comte de Résie. Clermont-Ferrand, 1848.

840. Histoire de Madame Henriette d'Angleterre, par M^me de La Fayette. *Amsterdam, M. Le Cène*, 1720, pet. in-8, demi-rel. v.      5 fr.

Première édition.

841. Mémoires de M^me L. D. M. (la duchesse de Mazarin). *Cologne, P. Marteau*, 1675, pet. in-12, demi-rel., v. f.      5 fr.

842. Apologie, ou les Véritables mémoires de M^me Marie Mancini, connestable de Colonna (par Brémont). *Leide, Jean Van Gelder*, 1678, pet. in-12, v. f. fil. tr. dor. (*Muller.*)      10 fr.

843. Le Nouveau Mercure galant, contenant

tout ce qui s'est passé de curieux, depuis le
premier de janvier jusques au dernier juillet
1677. *Suivant la copie à Paris*, *G. de
Luyne*, 1677, 5 part. en 1 vol. pet. in-12,
vél.                                          3 fr.

844. Mémoires de M^me de la Guette, escrits
par elle-même. *La Haye, Adr. Moetjens*,
1681, pet. in-12, demi-rel. mar. br. (*Thouvenin*.)                                      20 fr.
Volume rare.

845. Histoire de M^me de Maintenon et des principaux événements du règne de Louis XIV,
par M. le duc de Noailles. *Paris, 1848*, 2 vol.
gr. in-8, portr. gravé par Mercuri, br. 15 fr.

846. Notice sur M^me de Maintenon (par M. Monmerqué). *Paris, Blaise*, 1829, in-8, demi-
rel. v. bl.                                   3 fr.

847. Les Héros de la Ligue, ou la Procession
monacale conduite par Louis XIV, pour la
conversion des protestants de son royaume.
*Paris, P. Peters (Holl.)*, 1691, in-4, fig.,
mar. r. fil. tr. dor. (*Niedrée*.)           80 fr.
Recueil de 24 figures gravées à la manière noire, donnant en
caricature les portraits des personnages de la cour, laïques
ou ecclésiastiques, qui jouèrent les premiers rôles dans l'af-
faire de la révocation de l'édit de Nantes.
Cet exemplaire, parfaitement conservé, renferme les premières épreuves des gravures.

848. Fragments de lettres originales de M^me
Charlotte-Élizabeth de Bavière (duchesse
d'Orléans). *Hambourg et Paris, Maradan*,
1788, 2 tom. en 1 vol. in-12, v. ant. fil. tr.
dor. (*Purgold*.)                            8 fr.

849. Mémoires complets et authentiques du duc
de Saint-Simon, sur le siècle de Louis XIV et

la Régence; publiés par le marquis de Saint-Simon. *Paris, Delloye*, 1842, 40 tom. en 39 vol. gr. in-18, demi-rel., dos et coins de mar. bl. (*Closs.*)     90 fr.

850. Nouveaux caractères de la famille roiale, des ministres d'État et des principales personnes de la cour de France. *Villefranche, Paul Pinceau*, 1703, pet. in-12, v. m.     8 fr.

851. Histoire de la Régence et de la minorité de Louis XV, par Lemontey. *Paris, Paulin*, 1832, 2 vol. in-8, cart., dos de toile. (*Bauzonnet.*)     8 fr.

852. Mémoires du chevalier de Ravanne, page de S. A. R. le duc (d'Orléans) régent, et mousquetaire (par J. de Varenne). *Amsterdam*, 1752, 2 tom. en 1 vol. in-12, mar. vert, tr. dor. (*Niedrée.*)     35 fr.

853. Vie privée de Louis XV, ou Principaux événements, particularitez et anecdotes de son règne (par Mouffle d'Angerville). *Londres, Lyttor*, 1788, 4 vol. in-12, v. f.     8 fr.

854. Vie privée du maréchal de Richelieu, contenant ses amours et intrigues. *Paris, Buisson*, 1791, 3 vol. in-8, demi-rel. v.     7 fr. 50 c.

855. Journal historique et anecdotique du règne de Louis XV, par F. Barbier; publié par M. de La Villegille. *Paris, J. Renouard*, 1847, tom. 1 et 2, gr. in-8, demi-rel. v. f. (*Niedrée.*)     50 fr.

Le tome 1er de cet ouvrage est devenu fort rare.

856. Chroniques pittoresques et critiques de l'OEil-de-Bœuf, des petits appartements de

la cour et des salons de Paris, par la comtesse de B...; publiées par Touchard-La-
fosse. *Paris, Barba,* 1844, 4 vol. in-12,
cart.                                           10 fr.

857. Anecdotes sur M^me la comtesse Du Barri.
*Londres,* 1775, in-12, mar. vert, tr. dor.
*(Duru.)*                                        15 fr.

858. Remarques sur les anecdotes de M^me la
comtesse Dubarri, par M^me Sara G...; traduites de l'anglais. *Londres,* 1777, in-12,
br., rog.                                         2 fr.

859. Anecdotes secrètes du XVIII^e siècle, pour
faire suite aux Mémoires de Bachaumont,
avec des notes par P. J. B. N. (Nougaret).
*Paris, L. Collin,* 1808, 2 vol. in-8, bas.
rac.                                              5 fr.

860. Les Révélations indiscrètes du XVIII^e siècle, par le cardinal de Bernis, Bossuet, Ca-
banis, Cerutti, etc., avec une galerie de portraits.... (publié par Auguis). *Paris, Guitel,*
1814, in-18, pap. vél., mar. br. fil. tr. dor.
*(Duru.)*                                        30 fr.

On trouve à la fin du volume 29 feuillets doubles, avec des
différences. Ces feuillets ou cartons, qui ont été supprimés,
ne se trouvent que dans un petit nombre d'exemplaires.

861. Vie privée des maîtresses, ministres et
courtisans de Louis XV, et des intendants et
flatteurs de Louis XVI. *S. l.,* 1790, fig., demi-
rel. v. bl.                                       5 fr.

Même ouvrage que *Le Parc aux cerfs, ou l'Origine de l'af-
freux déficit. Paris,* 1790.

862. Paris, Versailles et les provinces au
XVIII^e siècle, anecdotes sur la vie privée de
plusieurs ministres, évêques, magistrats cé-

lèbres..., sous les règnes de Louis XV et
Louis XVI (par Dugast de Bois-Saint-Just).
*Paris, Nicole*, 1811, 2 vol. in-8, v. f. 6 fr.

863. Le Sacre de Louis XVI, roi de France,
dans l'Église de Reims. *Paris, Vente*, 1775,
in-8, fig., demi-rel. v. f., non rog. 15 fr.

864. Chronique arétine, ou Recherches pour
servir à l'histoire des mœurs du XVIIIᵉ siècle; 1ʳᵉ livraison. *Caprée*, 1789, in-8, cart.,
dos de toile. (*Bauzonnet*.) 5 fr.

865. Essais historiques sur la vie de Marie-Antoinette d'Autriche, reine de France. *Londres*, 1789, 2 part. en 1 vol. in-8, demi-rel.
v. bl. 5 fr.

866. Le Palais-Royal, ou Mémoires secrets de
la duchesse d'Orléans, mère de Philippe,
par M. D. F***. *Hambourg et Paris*, 1806,
2 vol. in-12, fig., demi-rel. mar. r. 8 fr.

867. Mémoires, souvenirs et anecdotes, par de
Ségur. *Paris, Eymery*, 1827, 3 vol. in-8,
portr., cart. (*Bauzonnet*.) 18 fr.

868. Vie secrette de Louise-Marie-Adélaïde de
Bourbon - Penthièvre, duchesse d'Orléans.
*Londres, Werland*, 1790, in-18, portr.,
br. 2 fr.

869. Mémoire concernant la trahison de Pi-
chegru, dans les années III, IV et V; rédigé
l'an VI, par M. R. de Montgaillard. *Paris,
imprimerie de la République, an XII*, in-8,
demi-rel. v. r. 3 fr.

870. La Chasteté du clergé dévoilée, ou Pro-
cès-verbaux des séances du clergé chez les
filles de Paris, trouvés à la Bastille. *Paris*,
1790, 2 tom. en 1 vol. in-8, demi-rel. bas. 15 fr.

871. Procès-verbal, ou Protestations de l'assemblée de l'ordre le plus nombreux du
royaume. — Réponse des femmes de Paris
au cahier de l'ordre le plus nombreux du
royaume. — Délibérations et protestations
de l'assemblée des honnêtes citoyennes com-
promises dans le Procès-verbal de celle de
l'ordre le plus nombreux du royaume. In-8,
demi-rel. bas. 15 fr.

872. Charlotte Corday, essai historique, par
Louis Du Bois. *Paris*, 1838, in-8, portr.,
br. 2 fr.

873. Vie secrète, politique et curieuse de J.-
Maximilien Robespierre. *Paris*, *Prévost*,
*an II*, in-8, fig., mar. vert, non rog. (*Niedrée.*) 15 fr.
Volume rare.

874. Dictionnaire des Jacobins vivants, dans
lequel on verra les hauts faits de ces messieurs. *Hambourg*, 1799, in-12, demi-rel.
v. br. 3 fr.

875. Histoire-Musée de la République française, par Challamel. *Paris*, *Challamel*,
1842, 2 vol. gr. in-8, fig., demi-rel. v. f.
(*Closs.*) 15 fr.

876. Mémoires pour servir à l'histoire de la
guerre de la Vendée (par le comte de Vau-
ban). *Paris*, 1806, in-8, demi-rel. v. r.
(*Thouvenin.*) 5 fr.

È. Mélanges d'histoire politique et civile de France.

877. Mémoires historiques, critiques, et anecdotes des reines et régentes de France, par

-. Dreux du Radier. *Paris, Mame,* 1808, 6 vol.
in-8, demi-rel. v. bl.  15 fr.

878. La Grant monarchie de France, composee
par missire Claude de Seyssel..., archevesque
de Thurin. (A la fin) : *Imprimee a Paris,
pour Regnault Chaudière,* 1519, gr. in-8
goth., v. f. fil. (*Koehler.*)  40 fr.
Edition originale.

879. Traité des parlemens ou Estats généraux,
par Pierre Picault. *Cologne, P. Marteau*
(*Holl., Elsev.*), 1679, pet. in-12, v. anl. tr.
dor. (*Thouvenin.*)  10 fr.

880. Treize livres des parlemens de France,
par Bernard de la Roche-Flavin. *Bourdeaus,
Millanges,* 1617, in-fol., mar. r. fil. tr. dor.
(*Reliure ancienne.*)  40 fr.
Très-bel exemplaire.

881. L'État de la France (par les Bénédictins).
*Paris, Mouchet,* 1749, 6 vol. in-12, mar.
bl. tr. dor. (*Reliure ancienne.*)  60 fr.

882. État de la France, dans lequel on voit tout
ce qui regarde le gouvernement ecclésiastique, le militaire, la justice, le commerce, etc.,
par Boulainvilliers. *Londres, Wood,* 1752,
8 vol. in-12, cartes, bas.  15 fr.

883. Almanach royal. *Paris,* 1698 à 1847,
149 vol. in-8, rel. en v. br., demi-rel.
et mar.  250 fr.
Cette collection se trouve rarement complète.

884. Catalogue des chanceliers de France, des
amiraux, des grands-maistres, des connesta-
bles, des maréchaux et des prévosts de Paris,
jusques à Henry deuxième. *Paris, M. Vas-*

*cosan*, 1555, 6 part. en 1 vol. pet. in-fol.,
fig. sur bois, demi-rel. v. ant.                15 fr.
885. Histoire du droit municipal eu France,
par Raynouard. *Paris, Sautelet*, 1829, 2 vol.
in-8, cart. (*Bauzonnet.*)                10 fr.
886. Instruction sur le faict des finances et
chambre des comptes, recueillie par J. Le
Grand. *Paris, A. Drouard*, 1583, in-8, v. f.
fil. (*Niedrée.*)                10 fr.
887. Traité historique des monnaies de France,
avec leurs figures, depuis le commencement
de la monarchie jusqu'à présent, par Le
Blanc. *Paris, Ch. Robustel*, 1690, in-4, mar.
r. fil. tr. dor. (*Reliure ancienne.*)   100 fr.
Bel exemplaire en grand papier.

*F.* Histoire des anciennes provinces et des villes
de France.

*a. Histoire de Paris et des résidences royales.*

888. Les Antiquitez, chroniques et singularitez
de Paris, avec les fondations et bastimens
des lieux, les sépulchres et épitaphes des
princes, etc., par Gilles Corrozet, et depuis
augmentées par N. B. (Nic. Bonfons). *Paris,
Nicolas Bonfons*, 1581, in-12, mar. vert, fil.
tr. dor. (*Koehler.*)                30 fr
889. Les Annales générales de la ville de Pari
(par Cl. Malingre). *Paris, P. Rocolet*, 1640
— Les Antiquitez de la ville de Paris, conte
uant la recherche nouvelle des fondations e
establissemens des églises, chapelles, monas-
tères, hospitaux, hostels, maisons remarquables, etc. (par Cl. Malingre). *Paris, P. Roco-*

*let*, 1640; ensemble, 2 vol. in-fol., fig., mar.
r. fil. tr. dor., réglé. (*Aux armes de la ville
de Paris.*)..                    120 fr.

Très-bel exemplaire dans son ancienne reliure.

890. Histoire de la ville et de tout le diocèse de
Paris, par l'abbé Lebeuf. *Paris, Prault,*
1754, 15 vol. in-12, v. m.        70 fr.

891. Dictionnaire historique de la ville de Paris et de ses environs, par Hurtaut et Ma-
gny. *Paris, Moutard,* 1779, 4 vol. in-8, fig.,
v. m.                             12 fr.

891 *bis*. Paris, histoire véridique, anecdotique,
morale et critique, avec la clef, par Chevrier.
*La Haye*, 1767, pet. in-8, v. m.      3 fr.

892. Description de la ville de Paris et de tout
ce qu'elle contient de plus remarquable, par
Germain Brice. *Paris, chez les libraires
associés*, 1752, 4 vol. in-12, fig., v. m. 12 fr.

893. Description de Paris et de ses édifices,
avec un précis historique, par J.-G. Legrand
et P. Landon. *Paris, C.-P. Landon,* 1809,
2 vol. in-8, fig., cart., non rog.        10 fr.

894. Les Rues de Paris, avec les cris que l'on
entend journellement dans les rues de la ville,
et la chanson des dits cris; plus un bref état
de la dépense qui se peut faire en icelle ville
chaque jour; ensemble les églises, hostels, etc.
*Troyes, Jean Garnier, s. d.* (1724), in-16,
mar. r. tr. dor. (*Duru.*)            25 fr.

Réimpression d'une pièce beaucoup plus ancienne.

895. Séjour de Paris, c'est à dire instructions
fidèles pour les voyageurs de condition, par
J.-C. Nemeitz. *Leide, Abcoude,* 1727, 2 vol.
in-12, fig., v. f.                    15 fr.

896. Almanach parisien , en faveur des étrangers et des personnes curieuses. *Paris, veuve
Duchesne, s. d.*, 2 vol. pet. in-12, mar. r. fil.
tr. dor. (*Reliure ancienne.*) 6 fr.

897. Nouvel atlas de la généralité de Paris,
par Desnos. *Paris*, 1762, in-4, v. m. 5 fr.

898. Plan de Paris en 20 feuilles, commencé
en 1734 sous les ordres de Turgot, par Bre-
tez. *Paris*, 1740, in-fol., mar. r. dent. tr.
dor. (*Aux armes de la ville de Paris.*) 40 fr.

899. Histoire de la Ste-Chapelle royale du palais, enrichie de planches, par Sauveur-Jé-
rôme Morand. *Paris, Clousier*, 1790, in-4,
fig., demi-rel., dos et coins de mar. r., non
rog. (*Koehler.*) 15 fr.

900. Histoire de l'Hôtel-de-Ville de Paris, par
Leroux do Lincy. *Paris, Dumoulin*, 1846,
in-4, fig., v. f. fil. tr. dor. , chiffre.
(*Closs.*) 30 fr.

901. Le Palais du Luxembourg, fondé par
Marie de Médicis, depuis sa fondation, 1615,
jusqu'en 1845; origine et description de cet
édifice, par A. de Gisors. *Paris, Plon*, 1847,
gr. in-8, fig., cart. 15 fr.

902. Plans des hôpitaux et hospices civils de
Paris. *Paris*, 1820, in-4, 29 pl., demi-
rel. 10 fr.

903. Gouverneurs, lieutenants de roy, prevôts
des marchands, échevins, procureurs du roy,
greffiers, receveurs, conseillers et quartiniers
de la ville de Paris (jusqu'en 1780, avec leurs
armoiries gravées par Beaumont). (*Paris,
s. d.*), gr. in-fol., mar. r. fil. tr. dor. (*Aux
armes de la ville de Paris.*) 40 fr.

904. Règlements sur les arts et métiers de Paris, rédigés au XIIIe siècle et connus sous le nom du Livre des métiers d'Étienne Boileau, publiés avec des notes et une introduction par G.-B. Depping. *Paris, imprimerie de Crapelet*, 1837, in-4, gr. pap. vél., mar. r. fil. tr. dor. ( *Chiffre du roi Louis-Philippe.*) 30 fr.

905. Études sur l'administration de la ville de Paris et du département de la Seine, par Horace Say. *Paris, Guillaumin*, 1846, in-8, demi-rel. v. f. 5 fr.

906. Calendrier historique, avec le journal des cérémonies et usages qui s'observent à la cour, à Paris et à la campagne (par Maupoint): *Paris, Chardon*, 1741, in-8, v. m. 5 fr.

907. Les Astuces de Paris, anecdotes parisiennes dans lesquelles on voit les ruses que les intrigants et certaines jolies femmes mettent en usage pour tromper les gens simples et les étrangers. *Londres et Paris*, 1775, 2 part. en 1 vol. pet. in-8, cart. 8 fr.

908. Costumes des mœurs et de l'esprit françois avant la grande révolution, à la fin du XVIIIe siècle, en XCVI planches gravées en caricature par un habile maître. *Lyon*, 1791, in-4, v. f. fil. tr. dor. (*Koehler.*) — 30 fr.

Suite curieuse et rare des figures gravées en partie par Dunker, pour le *Tableau de Paris* de Mercier. Dans l'avis placé en tête du volume, il est dit que Mercier a gravé lui-même à l'eau-forte plus de la moitié de ces planches.

909. Les Carrosses à cinq sols, ou les Omnibus du XVIIe siècle (par M. de Monmerqué). *Paris, F. Didot*, 1828, in-12, demi-rel. mar. bl., non rog. 5 fr.

910. Souvenirs historiques des résidences royales de France (Palais-Royal, Versailles, Saint-
Cloud, Fontainebleau, Eu, Amboise), par
Vatout. *Paris*, 1837-45, 6 vol. in-8, demi-rel.
mar. n. (*tome 6 broché*). 25 fr.
911. Versailles ancien et moderne, par le comte
Alexandre de Laborde. *Paris*, 1839, gr. in-8,
fig. sur bois, v. f. fil. tr. dor. (*Niedrée.*) 30 fr.
912. Fastes de Versailles, depuis son origine
jusqu'à nos jours, par H. Fortoul. *Paris*,
*Delloye*, s. d., gr. in-8, fig., demi-rel.
mar. n. 15 fr.



913. Histoire physique, civile et morale des environs de Paris, par Dulaure. *Paris*, *Furne*,
1838, 6 vol. in-8, fig., cart. (*Bauzonnet.*) 25 fr.
914. Atlas topographique des environs de Paris
à la distance d'environ 8 myriamètres dans
sa moyenne étendue, dressé par Dom.-G. Cou-
tans; revu par Ch. Picquet. *Paris*, *Picquet*,
1800, 16 feuilles renfermées dans 2 étuis
in-8, dos de mar. r. 15 fr.
915. Histoire de la ville de Chartres, du pays
Chartrain et de la Beauce, par M. Doyen.
*Chartres et Paris*, 1786, 2 vol. in-8, br. 6 fr.
916. Histoire de Braine et de ses environs, par
Stanislas Prioux. *Paris*, *Dumoulin*, 1846,
in-8, fig., cart. 5 fr.
917. Remensiana, historiettes, légendes et tra-
ditions du pays de Reims. *Reims*, *Jacquet*,
1845, in-32, br. 2 fr.
918. Anecdotes normandes, par A. Floquet,

*Rouen*, *E. Le Grand*, 1838, in-8, pap. vél.,
cart., non rog. 5 fr.

919. Recueil de plans et de vues de la Norman-
die, par Chatillon, Tassin, etc. In-4 obl.,
cart. 15 fr.

920. Histoire et description du mont Saint-
Michel, texte par M. Le Hericher, dessins de
M. G. Bouet. *Caen*, 1748, gr. in-fol., fig. sur
pap. de Chine, demi-rel. mar. bl., non
rog. 40 fr.

921. Histoire ecclésiastique et civile de Bretagne, par dom H. Morice et dom Taillan-
dier. *Paris, Deluguette*, 1750-56, 2 vol.
in-fol. — Mémoires pour servir de preuves à
l'Histoire de Bretagne, par dom Morice. *Paris*, 1742-46, 3 vol. in-fol.; les 5 vol., fig.,
mar. bl. tr. dor. (*Duru.*) 550 fr.

Magnifique exemplaire.

922. L'Illustre Jacquemart de Dijon, détails
historiques, instructifs et amusants sur ce
haut personnage, par P. Bérigal (Gab. Peignot). *Dijon, V. Lagier*, 1832, in-8, fig.,
demi-rel. mar. r., non rog. 5 fr.

923. Lettres en forme de dissertation sur l'an-
cienneté de la ville d'Autun et sur l'origine
de celle de Dijon (par Fr. Baudot). *Dijon,
Ressayre*, 1710, pet. in-8, 12 fig., mar. r. tr.
dor. (*Duru.*) 25 fr.

Exemplaire de Ch. Nodier, avec une note de sa main.

924. Histoire de Foix, Béarn et Navarre, diligemment recueillie, tant des précédens historiens que des archives des dites maisons,

par Pierre Olhagarray. *Paris*, 1609, in-4,
v. r. tr. dor. 15 fr.

925. Mémoire pour le procureur général au
parlement de Provence (M. de Monclar), servant à établir la souveraineté du roi sur la
ville d'Avignon et le comté Venaissin. *S. l.*,
1769, 2 vol. in-8, mar. r. fil. tr. dor. (*Reliure ancienne.*) 25 fr.

Ce livre est rare, l'édition ayant été supprimée par ordre
du roi.

926. Chronique, ou Dialogue entre Joannes
Lud et Chrétien, secrétaires de René II, duc
de Lorraine, sur la défaite de Charles le
Téméraire devant Nancy (5 janvier 1477),
publié par J. Cayon. *Nancy, Cayon*, 1844,
in-4, pap. fort, non rog. 4 fr.

Tiré à 100 exemplaires.

### 3. *Histoire des pays étrangers.*

927. Abrah. Golnitzii Ulysses Belgico-Gallicus :
fidus tibi dux et Achates per Belgium, Hispan., regnum Galliæ, ducat. Sabaudiæ, Turi-
num usque. *Amsterodami, ex officina El-
zeviriana*, 1655, pet. in-12, mar. r. tr. dor.
(*Duru.*) 15 fr.

928. Histoire des républiques italiennes du
moyen âge, par Simonde de Sismondi. *Paris,
Furne*, 1840, 10 vol. in-8, fig., cart. (*Bauzonnet.*) 50 fr.

929. Les Actions héroïques et plaisantes de
l'empereur Charles V. *Cologne, P. du Marteau*, 1683, pet. in-12, fig., mar. vert, doublé de tabis r. tr. dor. 20 fr.

Exemplaire de Pixerécourt.

930. Antonio Perez et Philippe II, par Mignet. *Paris, I. R.*, 1845, in-8, demi-rel. v. f. (*Nie-drée.*)                               6 fr.

931. Mémoires de la cour d'Espagne, par M^me d'Aulnoy. *La Haye, Moetjens*, 1695, 2 part. en 1 vol. pet. in-12, bas.       3 fr.

932. Histoire d'Angleterre, depuis la première invasion des Romains, par John Lingard; traduite de l'anglois par Roujoux. *Paris, Parent-Desbares*, 1833, 16 vol. in-8, demi-rel. v. ant.                               48 fr.

933. Histoire d'Angleterre, depuis les temps les plus reculés jusqu'à nos jours, par Roujoux et Alfred Mainguet; édition augmentée d'un grand nombre de gravures. *Paris, Hingray*, 1847, 2 vol. in-8, fig. sur bois, demi-rel. mar. vert. (*Closs.*)       30 fr.

934. Histoire de la conquête de l'Angleterre par les Normands, par Augustin Thierry. *Paris*, 1836, 4 vol. in-8, cartes, demi-rel. mar. n.                               20 fr.

935. Grande chronique de Mathieu Paris, traduite en français par Huillard-Bréholles. *Paris, Paulin*, 1840, 9 vol. in-8, cart. (*Bauzonnet.*)                               35 fr.

936. Abrégé de la vie et du règne de Charles I^er, second monarque de la Grande-Bretagne. *Leyde, Duval*, 1666, pet. in-12, v. ant. tr. dor.                               5 fr.

937. Histoire de la révolution d'Angleterre, depuis l'avénement de Charles I^er jusqu'à sa mort, par Guizot. *Paris, V. Masson*, 1850, 2 vol. in-8, demi-rel., dos et coins de mar. vert.                               12 fr.

938. Révolution d'Angleterre; Charles I<sup>er</sup>, sa
  cour, son peuple et son parlement (1630-60),
  par Philarète Chasles. *Paris*, *Janet*, *s. d.*,
  gr. in-8, portr., 18 fig. d'après Van Dick,
  Rubens, etc., cart., non rog.        10 fr.

939. Nouvel abrégé chronologique de l'histoire
  et du droit public d'Allemagne, par Pfeffel.
  *Paris*, *Delalain*, 1777, 2 vol. pet. in-8,
  v. f. fil. compart. tr. dor., chiffre. (*Nie-*
  *drée.*)                              20 fr.

940. Histoire de l'état présent de l'empire ot-
  toman, contenant les maximes politiques des
  Turcs, traduite de l'anglais de Ricaut, par
  Briot. *Amsterdam*, *Abraham Wolfgang*,
  1671, in-12, fig., mar. r. compart. tr.
  dor.                                  25 fr.

941. Abrégé historique des principaux traits
  de la vie de Confucius, orné de 24 estampes gravées par Helman, d'après les dessins originaux de la Chine envoyés à Paris.
  *Paris*, *s. d.*, in-4, demi-rel., dos et coins de
  mar. r.                               15 fr.

VI. HISTOIRE DE LA CHEVALERIE<br>ET DE LA NOBLESSE.

942. Mémoires sur l'ancienne chevalerie, par
  de la Curne de Sainte-Palaye. *Paris*, *veuve*
  *Duchesne*, 1781, 3 vol. in-12, v. f. fil. tr. dor.
  (*Simier.*)                           18 fr.

943. LE VRAY THÉATRE D'HONNEUR ET DE CHEVA-
  LERIE, ou le Miroir héroïque de la noblesse,
  par de Vulson de la Colombière. *Paris*, *A.*

*Courbé*, 1648, 2 tom. en 1 vol. in-fol. fig.
mar. r. tr. dor. (*Niedrée.*) 150 fr.
Superbe exemplaire en grand papier.

944. Cérémonies des gages de bataille, selon
les constitutions du bon roi Philippe de
France, publiées par G.-A. Crapelet. *Paris,
Crapelet*, 1830, gr. in-8, fig. et fac-simile,
mar. bl. fil., non rog., tr. sup. dor. (*Niedrée.*) 160 fr.
Un des neuf exemplaires tirés sur grand papier jésus de
Hollande, avec les miniatures peintes en or et en couleurs, à
l'imitation du manuscrit original.

945. L'ORDRE DU COMBAT de deux gentilzhom-
mes, faict en la ville de Moulins, accorde
par le roy notre sire; avec la triumphante
reception de Mgr le connestable de France
(dans la ville de Moulins). S. *l. n. d.*, pet.
in-8 goth. de 8 feuillets non chiffrés, dont
un blanc, v. ant. fil. à fr. tr. dor. (*Koehler.*) 80 fr.
L'un des combattants était le seigneur de Sarzay et l'autre
Fr. de Saint-Julian, seigneur de Venyères. La *Triomphante
réception*, quoique annoncée sur le titre de l'*Ordre du combat*, a elle-même un titre particulier qui se trouve au recto
du cinquième feuillet. Cette pièce a été probablement imprimée à Moulins. Au verso du quatrième feuillet, on voit une
marque formée des lettres S. M., attachées par une corde-
lière.
Exemplaire à toutes marges.

946. Combat à la barrière, faict en cour de
Lorraine, le 14 febvrier, en l'année 1627, re-
présenté par les discours et poésies du sieur
H. Humbert; accompagné des figures de
Jacques Callot. *Nancy, Séb. Philippe*, 1627,
in-4, fig., mar. bl. tr. dor. (*Duru.*) 90 fr.

947. Les Diverses espèces de noblesse, et les
manières d'en dresser les preuves, par le

P. Menestrier. *Paris, J.-B. de la Caille,*
1683, in-12, fig., v. f. fil. tr. dor. (*Niedrée.*) 20 fr.

948. Nouvelle méthode du blason, ou de l'Art
héraldique, du P. Menestrier. *Lyon, P. Bruy-
sel,* 1770, in-8, fig. v. f. fil. tr. dor. 25 fr.

949. Le Véritable art du blason, et l'origine
des armoiries, par le P. Cl.-Fr. Menestrier.
*Lyon, Benoist Coral,* 1672, in-12, v. f. 15 fr.

950. Nouveaux desseins pour la pratique de
l'art héraldique de plusieurs armes des premiers de l'Estat, ornées de leurs couronnes,
supports, chiffres, etc., le tout inventé, dessiné et gravé par Mavelot. *Paris, s. d.,* in-4,
v. f. fil. tr. dor. (*Niedrée.*) 30 fr.

951. HISTOIRE GÉNÉALOGIQUE ET CHRONOLOGIQUE
de la maison royale de France, des pairs,
grands officiers de la couronne, etc., par le
P. Anselme, Du Fourny, le P. Ange et le
P. Simplicien. *Paris, par la compagnie des
libraires,* 1726, 9 vol. in-fol., fig., v. f.
fil. 400 fr.

Bel exemplaire en grand papier.

952. Histoire généalogique de la maison royale
de Dreux, par A. Du Chesne. *Paris, S. Cra-
moisy,* 1631, in-fol. fig. v. f. 20 fr.

953. Calendrier des princes et de la noblesse
de France, pour l'année 1765 (par La Che-
naye des Bois). *Paris, Duchesne,* 1765,
in-12, demi-rel., dos et coins de mar. bl.,
non rog. 5 fr.

954. Tablettes de Thémis, contenant la succes-
sion chronologique, avec le blason des ar-

mes des chanceliers et gardes des sceaux,
secrétaires d'État, surintendants, présidents,
procureurs généraux du parlement et des
chambres des comptes, cours des aides, etc.
*Paris, Legras*, 1755, 3 vol. in-16, demi-rel.
mar. vert, non rog.                        15 fr.

955. Annuaire de la pairie et de la noblesse de
France et des maisons souveraines de l'Europe, publié sous la direction de M. Borel
d'Hauterive. *Paris*, 1843-52, 9 vol. in-12;
les 6 premiers, demi-rel., dos et coins de
mar. r., non rog.; les 3 autres, br.    36 fr.

956. Familles historiques de Savoie, par le marquis de Costa de Beauregard : Les seigneurs
de Compey. *Chambéry*, 1844, in-4, br. 8 fr.

VII. ANTIQUITÉS.

957. L'ANTIQUITÉ EXPLIQUÉE (en françois et en
latin) et représentée en figures, par D. Bern.
de Montfaucon. *Paris, Delaulne*, 1719-24,
15 vol. in-fol. — Les Monumens de la monarchie françoise, avec les figures de chaque
règne (en françois et en latin), par Montfaucon. *Paris, Gaudoin*, 1729-33, 5 vol.
in-fol.; les 20 vol., cuir de Russie, dent. tr.
dor. (*Lefèvre.*)                       1100 fr.
Bel exemplaire en grand papier.

958. De l'Origine des étrennes, par Jacob
Spon. *Paris, Ambroise Didot*, 1781, in-18,
mar. bl. compart., non rog. (*Bauzonnet-
Trautz.*)                                20 fr.

959. Histoire patriotique des arbres de la liberté, par Grégoire; précédée d'un Essai sur

sa vie et ses ouvrages, par Ch. Dugast. *Paris, Havard*, 1833, in-18, v. f. fil.   10 fr.

960. Polyanthea archéologique, ou Curiosités, raretés, bizarreries et singularités de l'histoire, etc., par T. de Jolimont. — Monologie du mois d'avril : Poissons d'avril. — Histoire des œufs : OEufs de Pâques. — De l'Usage de saluer ceux qui éternuent, et de leur adresser des souhaits. *S. l.*, 1843-44, 3 broch. in-8.   3 fr.

961. Histoire de l'art chez les anciens, par Winckelman, traduite de l'allemand (par Jansen). *Paris, Bossange*, 1802, 2 tom. en 3 vol. in-4, portr. et fig., demi-rel. mar. r. (*Closs.*)   60 fr.

962. Musée des antiques, dessiné et gravé par P. Bouillon, avec des notes explicatives par J.-B. de Saint-Victor. *Paris, imprimerie de P. Didot*, s. d., 3 vol. gr. in-fol., fig., demi-rel. mar. viol., non rog.   200 fr.

963. Dissertations, recherches sur les statues dites la Vénus de Médicis du Capitole, Callipyge et autres, l'Apollon du Belvédère et la statue découverte à Milo ; par Al. Lenoir, Cherry, etc. *Paris*, 1822, in-8, demi-rel. mar.   3 fr.

964. Trésor de numismatique et de glyptique, ou Recueil général de médailles, monnaies, pierres gravées, bas-reliefs, etc., tant anciens que modernes, gravés par les procédés de M. Achille Colas, sous la direction de MM. Paul Delaroche et Henriquel Dupont ; texte par M. Charles Lenormant. *Paris*,

*Lenormant*, 1850, 13 vol. in-fol., mar. r. tr.
dor., chiffre. (*Niedrée*.)　　　　1600 fr.

Magnifique exemplaire, un des douze tirés sur papier de Chine.

965. DESCRIPTION DES PRINCIPALES PIERRES GRA-
VÉES du cabinet du duc d'Orléans. *Paris,
Pissot*, 1780, 2 vol. in-fol., gr. pap., fig.,
br. en cart.　　　　　300 fr.

Cet exemplaire est d'un papier différent des grands papiers qui sont dans le commerce. C'est le papier français connu sous le nom de Dupuis, et qui donne des épreuves plus belles que celui de Hollande.

Il n'en a été tiré que trois exemplaires, pour MM. de La Chaud et Le Blond, rédacteurs du texte, et Saint-Aubin, graveur des planches. Cet exemplaire est celui de M. de Saint-Aubin. On doit penser que les épreuves sont de premier choix. On a joint aux deux volumes une lettre autographe de Saint-Aubin qui qualifie cet exemplaire d'*unique*, et une note de M. J.-J. De Bure indiquant les différences qui existent entre quelques gravures de cet exemplaire et les épreuves ordinaires. Les sept planches de médailles spintriennes, représentant 37 sujets, sont placées à la fin du tome II. On sait que ces planches ne se trouvent que dans quelques exemplaires.

### VIII. HISTOIRE LITTÉRAIRE.

966. De l'État réel de la presse et des pam-
phlets, depuis François Ier jusqu'à Louis XIV,
par M. C. Leber. *Paris, Techener*, 1834, pet.
in-8, br.　　　　2 fr. 50 c.

967. Anecdotes littéraires, ou Histoire de ce
qui est arrivé de plus singulier et de plus
intéressant aux écrivains françois, depuis
François Ier jusqu'à nos jours (par Raynal).
*Paris, Durand*, 1753, 3 vol. in-12, v. éc. 6 fr.

968. Mémoires secrets pour servir à l'histoire
de la république des lettres en France, depuis 1762 jusqu'à nos jours (par de Bachau-

mont). *Londres, J. Adamson*, 1784-89,
36 vol. in-12, demi-rel. v. bl.          50 fr.
969. Bibliothèque de l'École des chartes. *Paris, Decourchant, années* 1839-48, 8 vol.
in-8, v. f. fil. tr. dor., chiffre. (*Closs.*) — *Années* 1848-53, en livr.                 140 fr.
970. Recueil des discours, rapports et pièces
diverses, lus dans les séances publiques et
particulières de l'Académie française (1803-
1839). *Paris, Didot,* 1847, 4 vol. in-4, cart.,
dos de toile. (*Bauzonnet.*)            50 fr.

### IX. BIOGRAPHIE.

971. Dictionnaire historique et critique de
Pierre Bayle; nouvelle édition, augmentée
de notes extraites de Chaufepié, Joly, La
Monnoye, etc. (par M. Beuchot). *Paris, Desoër,* 1820, 16 vol. in-8, pap. vél., demi-rel.,
dos et coins de mar. vert. (*Closs.*)   140 fr.
972. Extrait du Dictionnaire historique et critique de Bayle (par Frédéric II). *Berlin,
F. Voss,* 1765, 2 tom. en 1 vol. in-8, portr.,
mar. r. fil. tr. dor. (*Reliure ancienne.*) 15 fr.
973. Dictionnaire historique, ou Mémoires critiques et littéraires, concernant la vie et les
ouvrages de divers personnages distingués,
par P. Marchand. *La Haye, P. de Hondt,*
1758, 2 tom. en 1 vol. in-fol., v. m. fil. 12 fr.
974. LES VIES DES HOMMES ILLUSTRES GRECS ET
ROMAINS, par Plutarque, translatées de grec
en françois par Jacques Amyot. *Paris, Vascosan,* 1567, 6 vol. — Décade contenant les
vies des empereurs Trajanus, Adrianus, An-

toninus Pius, etc., par Ant. Allègre. *Paris,
Vascosan*, 1567. — OEuvres morales et mes-
lées de Plutarque, translatées de grec en
françois par J. Amyot. *Paris, Vascosan,*
1567; en tout 14 vol. in-8, mar. r. fil. tr.
dor.                          700 fr.

Magnifique exemplaire en reliure ancienne. On y trouve *les
Vies d'Annibal et de Scipion*, trad. par Ch. de l'Escluse, qui
manquent souvent.

975. OEuvres du seigneur de Brantome; édition augmentée et accompagnée de remarques historiques et critiques (par Le Duchat,
Lancelot et Pr. Marchand). *La Haye*, 1740,
15 vol. pet. in-12, fig., mar. bl. tr. dor.
(*Duru.*)                         250 fr.

Bel exemplaire relié sur brochure.

976. L'Europe illustre, contenant l'histoire
abrégée des souverains, des princes, des
prélats, etc., dans le XV^e siècle, compris
jusqu'à présent; par Dreux du Radier. *Paris, Nyon*, 1777, 6 vol. in-4, portr. d'O-
dieuvre, v. m. fil. tr. dor.        75 fr.

977. Documents inédits ou peu connus sur
Montaigne, recueillis et publiés par le docteur J.-F. Payen. *Paris, Techener*, 1847,
in-8, cart., portr. de l'auteur et plusieurs fac-
simile, br.                       5 fr.

978. Mémoires concernant M. Pascal et sa famille, par Marguerite Périer. In-8, mar. br.
fil. (*Muller.*)                   20 fr.

Manuscrit d'Adry.

979. Les Intrigues de Molière et celles de sa

femme. *S. l. n. d.*, pet. in-8, v. f. fil. tr. dor.
(*Bauzonnet.*)                    30 fr.

Même ouvrage que *La Fameuse comédienne, ou Histoire de la Guérin.*

980. Histoire de la vie et des ouvrages de Molière, par Jules Taschereau. *Paris, Brissot-Thivars*, 1828, in-8, br.                    3 fr.

981. Notes historiques sur la vie de Molière, par Bazin. *Paris, Techener*, 1851, in-12, gr. pap., br.                    5 fr.

982. La Vie de Scaramouche, par le sieur Angelo Constantini. *Paris, Cl. Barbin*, 1695, in-12, fig., demi-rel.                    5 fr.

983. Histoire de Louis Mandrin, depuis sa naissance jusqu'à sa mort. *Amsterdam, Van Harrevelt*, 1756, pet. in-8, portr., bas. 3 fr.

984. Biographie universelle et portative des contemporains, ou Dictionnaire historique des hommes vivants, publiée par Rabbe, Vieilh de Boisjolin, etc. *Paris, Levrault*, 1834, 5 vol. in-8, fig., demi-rel. mar. n. 25 fr.

985. Précis historique de la vie de M. de Bonnard, par Garat. *Paris*, 1787, in-18, mar. r. fil. tr. dor. (*Niedrée.*)                    20 fr.

Deuxième édition, moins jolie que la première, mais plus rare. Elle est augmentée d'un supplément composé de pièces satiriques en vers et en prose contre madame de Genlis.

986. Vie privée, politique et littéraire de Beaumarchais. *Paris, Michel*, 1802, in-12, portr., bas.                    2 fr.

987. Précis historique de la Vie de la citoyenne Lebrun, peintre; par le citoyen J.-B.-P. Lebrun. *Paris, Lebrun, an II*, in-8, demi-rel. v. f.                    3 fr.

988. Précis de la conduite de Mᵐᵉ de Genlis,

depuis la Révolution. *Hambourg, s. d.,* in-12,
br. 3 fr.

989. Madame la comtesse de Genlis en miniature, ou Abrégé critique de ses mémoires, par
M. L. de Sevelinges. *Paris, Denfu,* 1826,
in-8, cart. (*Bauzonnet.*) 4 fr.

990. Biographie des dames de la cour et du
faubourg Saint-Germain, par un valet de
chambre congédié (Piton.) *Paris,* 1826, in-32,
mar. r. fil. tr. dor. (*Duru.*) 15 fr.

Ouvrage supprimé lorsqu'il parut.

991. Poëtes et romanciers de la Lorraine, par
de Puymaigre. *Metz, Rousseau,* 1848, in-12,
cart. 2 fr.

992. Histoire du crucifiement exécuté sur sa
propre personne, par Mathieu Lovat; com-
muniquée dans une lettre de César Rug-
gieri, docteur en médecine à Venise. *S. l.
n. d.,* in-4, fig., demi-rel. mar. r. (*Bauzonnet.*) 12 fr.

Avec une gravure représentant Mathieu Lovat crucifié.

993. Notice historique sur la vie et les ouvrages
de B.-J. Niebuhr, par P. de Golbéry. *Stras-
bourg,* 1834, in-8, demi-rel. v. 2 fr.

## X. BIBLIOGRAPHIE.

994. Essai historique sur la bibliothèque du
roi (par Leprince). *Paris, Belin,* 1782, in-12,
mar. vert, fil. tr. dor. (*Chaumont.*) 15 fr.

995. Annuaire de la bibliothèque royale de
Belgique, par le conservateur baron Reiffenberg. *Bruxelles et Leipzig,* 1840-50,
11 vol. in-18, fig., demi-rel. v. f. 30 fr.

Ce recueil renferme un grand nombre de notices sur les

livres manuscrits de la bibliothèque royale de Bruxelles, et
sur les bibliophiles ou bibliographes belges, etc.

996. Catalogue chronologique des libraires-im-
primeurs de Paris, depuis l'an 1470 jusqu'à
présent (par Lottin). *Paris, Lottin de Saint-
Germain*, 1789, 2 vol. pet. in-8, demi-rel. v.
f., non rog. (*Bauzonnet.*)                30 fr.

997. Manuel du libraire et de l'amateur de livres, par J.-Ch. Brunet. *Paris*, 1842-44, 5
vol. in-8, demi-rel. mar. vert.            120 fr.

998. Bibliothèque curieuse et instructive (par
le P. Menestrier). *Trévoux*, 1704, 2 tom. en
1 vol. pet. in-12, fig., v. f. fil. (*Simier.*) 20 fr.

999. Mélanges tirés d'une petite bibliothèque,
par Ch. Nodier. *Paris, Crapelet*, 1829, in-8,
demi-rel. mar. r. (*Closs.*)               10 fr.

1000. Analectabiblion, ou Extraits critiques de
divers livres rares oubliés et peu connus,
tirés du cabinet du marquis D. R. (du Roûre).
*Paris, Techener*, 1836, 2 vol. in-8, pap.
vél., demi-rel., dos et et coins de mar. bl.
(*Closs.*)                                 20 fr.

1001. La Chasse aux bibliographes et antiquai-
res mal avisés, par un des élèves de l'abbé
Rive (l'abbé Rive lui-même). *Londres, N.
Aphobe*, 1788, 2 part. en 1 vol. in-8, demi-
rel., dos et coins de mar. bl. fil., non rog.
(*Bauzonnet.*)                             25 fr.

1002. Bulletin du bibliophile, petite revue d'anciens livres. *Paris, Techener*, 1834-1852,
17 vol. in-8, cart., dos de toile. (*Bauzonnet.*)                                     120 fr.

1003. Le Bibliophile belge (par le baron de

Reiffenberg et autres). *Bruxelles*, 1845-50, 6 vol. in-8, cart.   30 fr.

1004. Les Manuscrits françois de la bibliothèque du roi; leur histoire, par M. Paulin Paris. *Paris, Techener*, 1836-48, 7 vol. gr. in-8, br.   60 fr.

Exemplaire en grand papier vélin.

1005. Catalogue des manuscrits de la bibliothèque de la ville de Chartres. *Chartres*, 1840, in-8, demi-rel. v. f.   5 fr.

1006. Catalogue des livres de la bibliothèque de M. Mérard de Saint-Just. *Paris, Didot*, 1783, in-18, demi-rel., dos et coins de mar. r., non rog. (*Bauzonnet-Trautz.*)   10 fr.

Tiré à petit nombre.

1007. Catalogue des livres rares et précieux de la bibliothèque de M. le comte de la B. (Bédoyère). *Paris, Silvestre*, 1837, in-8, demi-rel. cuir de Russie, non rog. (*Prix imprimés et manuscrits.*)   10 fr.

1008. Catalogue des livres composant la bibliothèque de M. de Pixerécourt. *Paris, Crozet*, 1838, in-8, demi-rel. v. f. (*Prix.*)   5 fr.

1009. Catalogue analytique des archives de M. le baron de Joursanvault. *Paris, Techener*, 1838, 2 vol. in-8, demi-rel. v. f., non rog.   10 fr.

1010. Catalogue des livres, imprimés, manuscrits, estampes, dessins et cartes à jouer, composant la bibliothèque de M. Leber. *Paris, Techener*, 1839, 3 vol. in-8, demi rel. v. f.   24 fr.

1011. Catalogue de la bibliothèque de M. J. G.

(J. Gallois). *Paris, Techener*, 1844, in-8, demi-rel. v. (*Prix et noms des acqué-reurs.*)   5 fr.

1012. Catalogue des livres rares et précieux de M. le P. d'E*** (d'Essling). *Paris, Silves-tre*, 1845, in-8, demi-rel. v. f.   3 fr.

1013. Bibliothèque de M. Aimé Martin. *Paris, Techener*, 1847, gr. in-8, interfolié de pap. blanc, demi-rel. mar. r.   4 fr.

1014. Catalogue des livres rares et précieux de M. L. M. D. R. (Du Roure) *Paris, Jannet*, 1848, in-8, demi-rel. v. f. (*Prix impri-més.*)   4 fr.

1015. Catalogue de la bibliothèque de M. V. de Saint-M. (Saint-Mauris). *Paris, Potier*, 1848, in-8, demi-rel. v. f. (*Prix imprimés.*)   4 fr.

1016. Catalogue d'une jolie collection de livres, composée des plus belles éditions des auteurs latins, français et italiens imprimés par les Elsevier, de quelques Aldes, d'un choix de vieux poëtes français, etc. (Bibliothèque du feu comte N. Camerata). *Paris, Potier*, 1853, in-16, br.   10 fr.

Un des douze exemplaires imprimés sur papier rose.

1017. Dictionnaire des ouvrages anonymes et pseudonymes composés, traduits ou publiés en français et en latin, avec les noms des au-teurs, etc., par Barbier. *Paris, Barrois*, 1822, 4 vol. in-8, portr., demi-rel. mar. r. (*Closs.*)   45 fr.

1018. Catalogue des ouvrages qui ont été l'ob-jet soit de condamnations, soit de poursuites judiciaires, depuis 1814 jusqu'au 1er janvier

. 1843. *Paris, P. Dupont,* 1843, in-12, demi-
rel. v. f.        3 fr.

1019. Les Bibliothèques françoises de La Croix
du Maine et de du Verdier; nouvelle édition,
augmentée des remarques de La Monnoye,
Bouhier et Falconet, par Rigoley de Juvigny.
*Paris, Saillant et Nyon,* 1772, 6 vol. in-4,
mar. r. fil. tr. dor.        120 fr.
    Bel exemplaire aux armes de la comtesse d'Artois.

1020. La Bibliothèque françoise, par M. C. Sorel.
*Paris,* 1667, in-12, v. f. fil. (*Bauzonnet.*) 8 fr.

1021. La France littéraire, ou Dictionnaire
bibliographique des savants, historiens et
gens de lettres de la France, ainsi que des lit-
térateurs étrangers qui ont écrit en français
pendant les XVIII$^e$ et XIX$^e$ siècles, par Qué-
rard. *Paris, Didot,* 1827-39, 10 vol. in-8, demi-
rel., dos et coins de mar. bl. (*Closs.*) 130 fr.

1022. Description et analyse d'un livre unique
qui se trouve au Musée britannique, par
Tridace-Nafé-Théobrome (M. O. Delepiere).
*Au Meschacebé,* 1849, gr. in-8, br.    12 fr.
   Tiré à cent exemplaires.
   Ce livre unique est le fameux recueil de 64 farces et mora-
lités trouvé, il y a quelques aunées, en Allemagne. M. J. Jannet
vient d'en donner une jolie réimpression qui fait partie de sa
*Bibliothèque elzevirienne.*

1023. Bibliographie parémiologique, études
bibliographiques et littéraires sur les ouvrages, fragments d'ouvrages et opuscules spécialement consacrés aux proverbes dans toutes les langues, par M. G. Duplessis. *Paris,*
*Potier,* 1847, in-8, demi-rel., dos et coins
de mar. vert. (*Closs.*)        25 fr.
   Exemplaire en grand papier.

1024. Bibliothèque universelle des voyages, ou
Notice raisonnée de tous les voyages anciens
et modernes, par Boucher de la Richarderie.
*Paris, Treuttel et Wurtz,* 1808; 6 vol. in-8,
pap. vél., v. ant. fil. (*Bauzonnet.*)     36 fr.
1025. Bibliothèque historique de la France,
contenant le catalogue des ouvrages imprimés et manuscrits qui traitent de l'histoire
de ce royaume ou qui y ont rapport, par Jacques Lelong. *Paris, Hérissant,* 1768-77; 5 vol.
in-fol., cart., dos de toile, non rog.   100 fr.
1026. Collection de matériaux pour l'histoire
de la révolution de France, depuis 1787 jusqu'à ce jour. Bibliographie des journaux,
par D....s (Deschiens). *Paris, Barrois,* 1829,
in-8, demi-rel. v. f. (*Niedrée.*)       10 fr.

XI. EXTRAITS HISTORIQUES. — MÉLANGES<br>— ENCYCLOPÉDIES.

1027. Histoires tragiques, extraites des Œuvres
italiennes de Bondel, et mises en langue
françoise : les six premières par Pierre Bois-
teau, les douze suivantes par François de
Belle-Forest. *Rouen, Adrian de Launay,*
1603-04, 7 vol. — Le Thrésor des histoires
tragiques, de François de Belle-Forest, contenant les harangues, discours, complaintes,
etc., contenues en icelles. *Paris, G. Mallot,*
1581; en tout 8 vol. in-16, mar. r. compart.
tr. dor. (*Niedrée.*)              160 fr.
Très-bel exemplaire. Tous les volumes appartiennent à la
même édition, ce qui est très-rare pour ce livre.
1028. Histoires tragiques, rédigées en epitome,
partie extraites des actes des Romains et au-

tres, de l'invention de l'auteur, avec les demandes, et accusations et deffenses sur la
matière d'icelles; ensemble quelques poëmes;
le tout par Alex. Sylvain (Van den Bussche).
*Paris, Nic. Bonfons,* 1588, in-8, mar. vert,
fil. tr. dor. (*Derome.*)                 35 fr.
Exemplaire de Ch. Nodier.

1029. Les Histoires mémorables et tragiques
de ce temps, où sont contenues les morts
funestes et lamentables de plusieurs personnes, etc., par F. de Rosset. *Paris, P. Chevalier,* 1619, s. d., in-8, mar. bl. fil. tr. dor.
(*Aux armes de la comtesse de Verrue.*) 25 fr.
Exemplaire de Méon.

1030. Les Histoires tragiques de notre temps,
par François de Rosset. *Rouen, Antoine Le
Prévost,* 1700, in-8, v. f. fil. tr. dor. (*Petit.*)                                    18 fr.

1031. Histoire des plus illustres favoris anciens
et modernes, recueillie par P. D. P. (Du
Puy), avec un journal de ce qui s'est passé à
la mort du mareschal d'Ancre. *Leyde, J.
Elsevier,* 1659, in-4, v. f. fil. tr. dor. 12 fr.

1032. Histoire générale des Larrons, divisée
en trois livres, par F. D. C., Lyonnois.
*Rouen, J. de La Mare,* 1636, 3 part en 1
vol. in-8, mar. br. tr. dor. (*Duru.*) 40 fr.

La plus ancienne édition qu'indique M. Brunet est celle de
Lyon, 1664. La nôtre, qui lui est antérieure de 48 ans, a probablement été précédée de plusieurs autres, puisque l'on
trouve, bien avant 1636, des éditions séparées de deux des parties dont ce livre se compose. La première partie est annoncée
dans le catalogue Lavallière-Nyon (n° 23629), sous la date
de 1613; la seconde, qui est l'inventaire (voir le n° suivant),
a paru en 1625; la troisième a dû suivre de près. Les 3 livres
ont été vraisemblablement réunis d'abord à Paris, premier lieu

d'impression des parties séparées, et ensuite réimprimés à Rouen.

Il est à remarquer que le nom de l'auteur, mentionné sur la première partie publiée en 1623, est d'Aubrincourt, et que ce nom ne se retrouve plus sur le titre des éditions complètes, où l'on trouve à la place les initiales F. D. C. que portait déjà l'inventaire. Peut-être d'Aubrincourt (si toutefois ce n'est pas un nom supposé) n'était-il auteur que de la première partie.

1033. Inventaire général de l'Histoire des Larrons, où sont contenus leurs stratagèmes, tromperies, souplesses, vols, etc., par F. D. C. *Paris*, *Rolin Baragnes*, 1625, in-8, mar. vert, fil. doublé de tabis, tr. dor. (*Bradel.*)                              25 fr.

Première édition de la seconde partie de l'*Histoire générale des larrons*.

Exemplaire de Renouard.

1034. Choix de testaments anciens et modernes, remarquables par leur importance ou leur bizarrerie, avec des notes, par Gab. Peignot. *Paris*, *Renouard*, 1829, 2 vol. in-8, demi-rel. v. f., non rog.                              12 fr.

1035. Dictionnaire de la conversation et de la lecture. *Paris*, *Belin-Mandar*, 1838, 52 tom. en 26 vol. in-8, demi-rel. mar. br.

— Supplément au Dictionnaire de la conversation. *Paris*, 1844-51, 33 livraisons, br.                              150 fr.

## ERRATA.

Sur un certain nombre d'exemplaires, les fautes suivantes sont à rectifier :

Page 92, lig. 15, *au lieu de* onde, *lisez* monde.
Page 96, lig. 23, *au lieu de* fraçoise, *lisez* françoise.
Page 97, lig. 8, *au lieu de* 14 fr., *lisez* 140 fr.

# TABLE

## DES DIVISIONS.

# LIVRES NOUVEAUX

QUI SE TROUVENT A LA LIBRAIRIE

de L. POTIER, quai Malaquais, n° 9.

---

ŒUVRES DE LOUISE LABÉ, *Paris, imprimerie de Rucon.* Petit in-8 de 195 pages. Prix : 25 fr.

Cette édition, publiée par les soins de MM. L. Cailhava et J.-B. Monfalcon, a été tirée à 120 exemplaires numérotés à la presse. Elle est précédée d'une *Notice sur la vie et sur les ouvrages de Louise Labé*, de la *Bibliographie de Louise Labé*, par M. Monfalcon, et d'une notice sur le libraire Jean de Tournes, par le même. Chaque page de ce volume, imprimé avec la plus grande élégance, est entourée d'un encadrement gravé sur bois, d'après le Petit Bernard.

LES MARQUES TYPOGRAPHIQUES, ou Recueil de monogrammes, chiffres, enseignes, emblèmes, devises, etc., des libraires et imprimeurs qui ont exercé en France depuis 1470 jusqu'à la fin du XVI° siècle (par M. Silvestre).

Ce recueil sera publié en six ou sept livraisons. Le prix de chaque livraison, sur papier vergé, est fixé à 5 fr. Vingt-cinq exemplaires ont été tirés sur papier vélin collé ; le prix de ces derniers est de 8 fr. la livraison.
Les quatre premières livraisons sont en vente.

THÉATRE LIÉGOIS; nouvelle édition, revue et annotée par F. Baillieux; précédée d'une introduction historique par V. Capitaine. *Liége*, 1854, in-12, fig. 5 fr. 50 c.

*Le même*, papier fort, tiré à 50 exemplaires, avec les figures sur papier de Chine. 6 fr.

Table des prix des livres et autographes de la bibliothèque de feu M. J.-J. De Bure.                    2 fr.

Il reste quelques exemplaires du Catalogue en papier de
Hollande, avec la table des prix. Prix : 10 fr.

Catalogue de la bibliothèque lyonnaise de M. Coste,
rédigé et mis en ordre par M. Vingtrinier. *Lyon*,
1855, 2 vol. gr. in-8, à 2 colonnes.              12 fr.

Catalogue des livres de la bibliothèque de M. Coste,
vendue en avril et mai 1854. *Paris, Potier et
P. Jannet*, 1854, in-8.                            3 fr.

Il a été tiré quelques exemplaires en papier de Hollande du
format du *Catalogue de la bibliothèque lyonnaise*. Prix : 8 fr.

--------

POUR PARAÎTRE TRÈS-PROCHAINEMENT.

Catalogue complet des républiques imprimées en
Hollande, in-24, avec des remarques sur les diverses
éditions par de la Faye; nouvelle édition, revue,
corrigée et augmentée par J. Chenu.

Ce charmant petit volume, de format in-12 elzevirien, est
tiré, comme les autres publications de M. J. Chenu, à un très-
petit nombre d'exemplaires. Les bibliophiles qui possèdent les
ouvrages de MM. Bérard et Pieters sur la bibliographie elzevirienne doivent naturellement y joindre le Catalogue des Républiques, puisque seul il donne l'ensemble de cette collection.

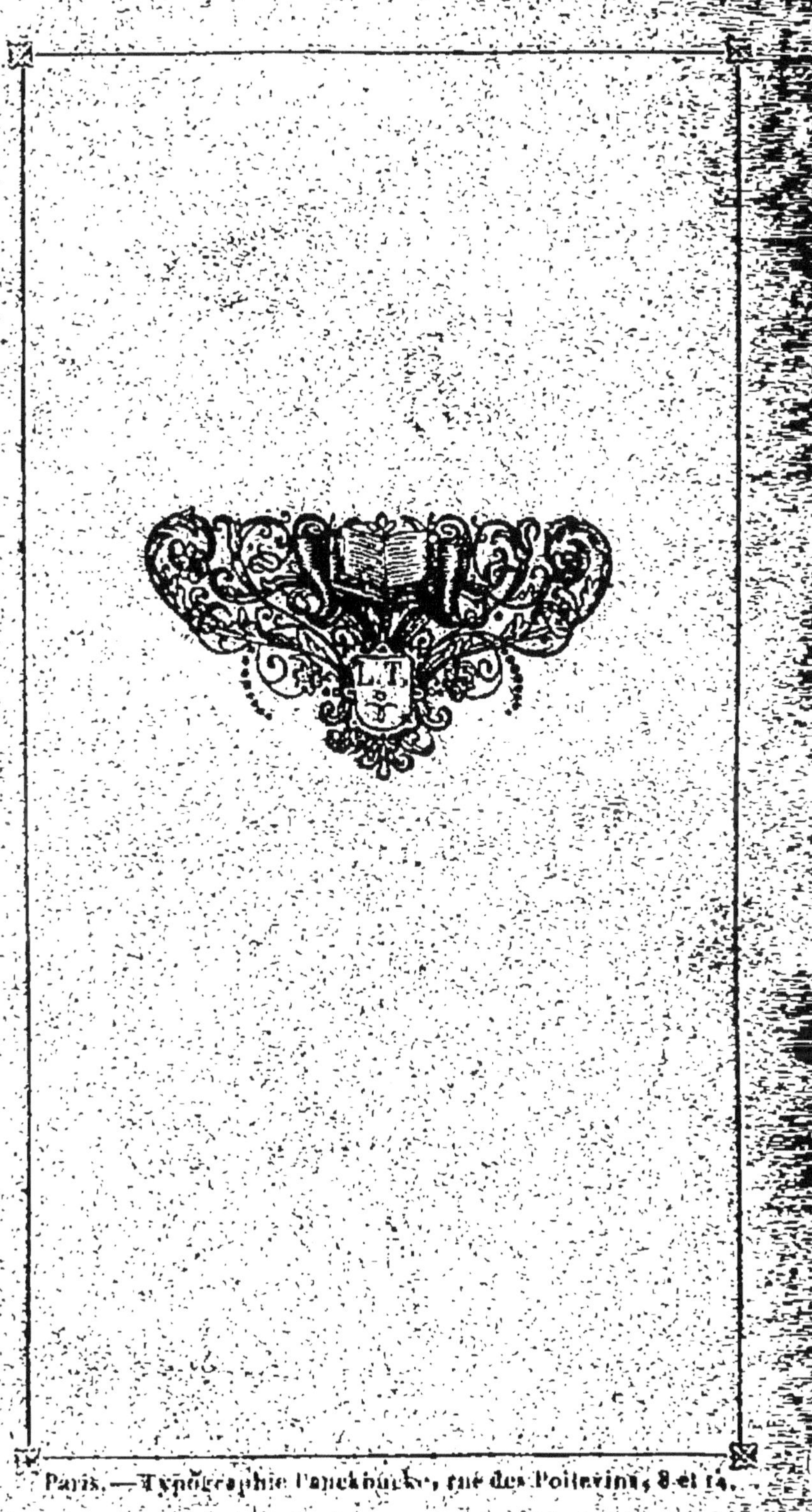

Paris. — Typographie Panckoucke, rue des Poitevins, 8 et 14.